Ottokar Lorenz

Genealogischer Hand- und Schul-Atlas

Ottokar Lorenz

Genealogischer Hand- und Schul-Atlas

ISBN/EAN: 9783744667517

Hergestellt in Europa, USA, Kanada, Australien, Japan

Cover: Foto ©Andreas Hilbeck / pixelio.de

Weitere Bücher finden Sie auf **www.hansebooks.com**

Genealogischer
Hand- und Schul-Atlas

von

Dr. Ottokar Lorenz
Professor an der Universität Jena.

Berlin.
Wilhelm Hertz.
(Besser'sche Buchhandlung.)
1892.

Vorwort.

An mancherlei historische Arbeit bin ich froh herangetreten, wohl aber darf ich versichern, dass ich niemals und bei keinem meiner verschiedenen Bücher in gleichem Maasse die Ueberzeugung haben durfte, etwas so nützliches und nothwendiges gethan zu haben, wie es bei dem kleinen genealogischen Abriss der Fall ist, den ich hier der Oeffentlichkeit übergebe. Langjährige Erfahrungen haben meine Ansicht befestigt, dass kein Mensch im Stande ist, auf einem andern als genealogischen Wege zu wirklicher Kenntniss und präsentem Wissen historischer Dinge zu gelangen. Wenn er sich dessen nicht völlig bewusst geworden ist, so wird dies nur dadurch zu erklären sein, dass die fleissige Lesung historischer Bücher eine Fülle von persönlichen Eindrücken hinterlassen hat, in denen die genealogischen Bilder gleichsam von selbst entstanden waren.

Zum Zwecke der Erwerbung von geschichtlichem Wissen ist aber dieser Weg nicht zu empfehlen, er ist viel zu lang und zu breit. Wollte jemand abwarten, bis ihm auf dem Wege des Detailstudiums der persönliche Verlauf der Geschichte klar werden soll, so kann er leicht siebzig Jahre darüber werden. Es erinnert an den braven Mann, der die Geographie nicht anders erlernen zu können vorgab, als durch selbsteigene Bereisung aller fünf Welttheile. Tausende von jungen Leuten aber glauben ihren Geschichtsunterricht redlich vollendet zu haben, ohne jemals eine Reihe von persönlichen Vorstellungen in sich gebildet zu haben, wie sie das genealogische Handbuch fast mühelos erkennbar macht.

Zur wesentlichen Erleichterung dient es dem Studirenden, dass das Handbuch sich durchaus an die geschichtlichen Perioden anschliesst. Was sehr Viele gegen Stammbäume einzunehmen pflegt, ist die durch Jahrhunderte laufende Länge derselben. Hier ist das entgegengesetzte Princip zur Geltung gebracht: Die Perioden sind möglichst kurz und übersichtlich und jeder Stammbaum bietet vermöge der vergleichenden Methode ein Bild der Zeitgenossen dar.

Unsicher bin ich, ob meine Tafeln zu viel, oder zu wenig bringen. Ich wäre sehr dankbar, wenn sich einsichtsvolle Stimmen darüber äussern wollten. Mir, als Genealogen macht es natürlich den Eindruck grosser Dürftigkeit, wenn die Mütter nur theilweise zu ihrem Recht gelangen, und die für die Politik oft wichtigen Ehen der Töchter nur unvollständig mitgetheilt sind. Wenn ich das rechte Maass nicht getroffen habe, so mag es damit entschuldigt werden, dass es hierin an aller Erfahrung gebricht. Was die litterarische und Schul-Welt von einem Handbuch dieser Art erwarten darf, wird sich erst beurtheilen lassen, wenn es selbstverständlich geworden sein wird, solche Handbücher zu besitzen und zu Rathe zu ziehen. Heute aber, wo alles, was Genealogie heisst, in so gut wie gar keinem Zusammenhang mit der Geschichte gedacht zu werden pflegt, wird es nicht an solchen fehlen, die da meinen werden, beim Studium der Geschichte liesse sich wenig, oder nichts mit einem Abriss dieser Art anfangen. Ich vertraue indessen der überwältigenden Macht eines wahren und unverfälschten Bedürfnisses. Wenn man die ungemein geringe Verbreitung der sehr kostspieligen genealogischen Litteratur erwägt, so muss man sich erstaunt fragen, wie es die meisten von denen, die sich mit geschichtlichen Dingen zu beschäftigen haben, wohl machen, wenn sie rasch über die gewöhnlichsten Verhältnisse persönlicher Art in's Klare kommen möchten, wo das Gedächtniss jedenfalls zu versagen pflegt. Glücklich! wenn sich in einer nahe gelegenen Bibliothek eines der alten Werke findet, die so selten geworden sind. In den meisten Fällen verzichtet man aber lieber auf das so mühsam zu erwerbende Wissen und tröstet sich damit, dass die Genealogie keine Sache sei, die dem modernen gebildeten Menschen zu wissen nöthig wäre. Dass es sich aber gar nicht um Genealogie als Selbstzweck, sondern darum handelt, den geschichtlichen Zusammenhang richtig zu erfassen, wird dabei übersehen.

Hier schien mir Abhülfe nöthig und dieser Umstand bestimmte mich zu dem Versuche, ein Hülfsmittel zu schaffen, welches für Haus und Schule brauchbar sein und beitragen sollte, Auffassung und Kenntniss geschichtlicher Dinge zu fördern. Dass mein hochverehrter Freund und Verleger die Hand dazu bot, zugleich schön und billig ein solches Buch herzustellen, gereichte mir zu besonderer Freude. Die Idee, die Generationen durch rothe Linien zur Geltung zu bringen, wird, wie ich hoffe, den Beifall der Fachgenossen finden.

Eichhof bei Koburg, im September 1891.

O. Lorenz.

Inhalt.

Tafel I. V.—VIII. Jahrhundert. Die Merowinger und Pippiniden.
Tafel II. VIII.—X. Jahrhundert. Das karolingische Haus.
Tafel III. IX.—X. Jahrhundert. Das sächsische Kaiserhaus und die burgundisch-italienischen Häuser.
Tafel IV. X.—XI. Jahrhundert. Konradiner und Babenberger.
Tafel V. XI.—XII. Jahrhundert. Salische Kaiser und sächsische Herzöge.
Tafel VI. XII.—XIII. Jahrhundert. Staufer und Welfen.
Tafel VII. XI.—XIII. Jahrhundert. Babenberger, Thüringer, Brabant und Hessen.
Tafel VIII. XIII.—XV. Jahrhundert. Habsburger, Wittelsbacher.
Tafel IX. X.—XV. Jahrhundert. Przemysliden, Luxemburger und Nassauer.
Tafel X. XII.—XV. Jahrhundert. Das askanische Haus in Brandenburg und Sachsen; Hohenzollern und Wettiner.
Tafel XI. IX.—XI. Jahrhundert. Frankreich, England, Dänemark.
Tafel XII. XII.—XIV. Jahrhundert. Frankreich, England und die Normandie.
Tafel XIII. XIV.—XV. Jahrhundert. Valois, Lancaster und York.
Tafel XIV. XIII.—XV. Jahrhundert. Burgund, Brabant, Flandern, Holland.
Tafel XV. VII.—XV. Jahrhundert. Die königlichen Häuser in Spanien.
Tafel XVI. XII.—XVI. Jahrhundert. Das burgundische Haus in Portugal und die älteren und jüngeren Anjous.
Tafel XVII. XIII.—XVII. Jahrhundert. Navarra, Orleans und Bourbon.
Tafel XVIII. XV.—XVIII. Jahrhundert. Savoyen, Visconti, Sforza, Este.
Tafel XIX. XV.—XVIII. Jahrhundert. Medici, Rovere, Cibo, Farnese.
Tafel XX. XV.—XVII. Jahrhundert. Die wichtigsten Papstfamilien.
Tafel XXI. XVI.—XVII. Jahrhundert. Spanisch-habsburgisches Haus, Tudors und Stuarts.
Tafel XXII. XVII.—XVIII. Jahrhundert. Bairisches, österreichisches und lothringisches Haus.
Tafel XXIII. XVII.—XIX. Jahrhundert. Alle bourbonischen Linien.
Tafel XXIV. XV.—XVIII. Jahrhundert. Schweden und Polen.
Tafel XXV. XV.—XVIII. Jahrhundert. Hohenzollern in Brandenburg, Franken und Preussen.
Tafel XXVI. XVII.—XIX. Jahrhundert. Preussen und Hannover.
Tafel XXVII. XVI.—XIX. Jahrhundert. Die sächsischen und hessischen Häuser.
Tafel XXVIII. XV.—XVIII. Jahrhundert. Pfälzisches Haus in allen Linien.
Tafel XXIX. XVI.—XIX. Jahrhundert. Würtemberg und Baden.
Tafel XXX. XVI.—XIX. Jahrhundert. Nassau-Weilburg und Nassau-Oranien und Mecklenburg.
Tafel XXXI. XV.—XIX. Jahrhundert. Das oldenburgische Haus in allen Zweigen.

Tafel XXXII. Zur neuesten Geschichte:
I. Bourbons. II. Orleans. III. Spanien und Sizilien. IV. Napoleons. V. Hannover und England. VI. Belgien. VII. Dänemark und Griechenland. VIII. Portugal und Brasilien. IX. Schweden. X. Sardinien und Italien. XI. Russland. XII. Oesterreich. XIII. Baiern. XIV. Sachsen, a. Ernestiner, b. Albertiner. XV. Würtemberg. XVI. Baden. XVII. Hessen. XVIII. Mecklenburg. XIX. Preussen. XX. Die beiden Stammmütter sämmtlicher regierender europäischen Häuser.

Abkürzungen und Zeichenerklärungen.

abg. = abgedankt, dankt ab, abgesetzt.
aelt. = ältere.
adopt. = adoptirt.
Austr. = Austrasien.
Burg. = Burgund.
c. = circa.
enth. = enthauptet.
erm. = ermordet.
erschl. = erschlagen.
ertr. = ertränkt, ertrunken.
Erbpr. = Erbprinz.
Erzb. = Erzbischof.
Erzhg. = Erzherzog.
Franz. = Französischer.
geb. = geboren.
gebl. = geblendet.
gef. = gefangen.
gesch. = geschieden.
get., getdt. = getödtet.
Gem. = Gemahl, Gemahlin.
Gf. = Graf.
Grossf. = Grossfürst.
Grosshg. = Grossherzog.
Hg. = Herzog.
Hgn. = Herzogin.
Hgth. = Herzogthum.
hgt., hinger. = hingerichtet.
K. = Kaiser.
Kg. = König.

Kg. d. g. R. = König des ganzen Reichs.
Kgn. = Königin.
Kurf. = Kurfürst.
Landgf. = Landgraf.
Mgf., Mkgf., Markgf. = Markgraf.
Oberkg. = Oberkönig.
Pfalzgf. = Pfalzgraf.
Praet., Praetend. = Praetendent.
Pr. = Prinz.
Przn., Prinz. = Prinzessin.
souv. = souveräner.
T. = Tochter.
Tit.-Kg. = Titulaturkönig.
Ung. = Ungarn.
verm. = vermählt.
verw. = verwittwete.
Vicekg. = Vicekönig.
: bedeutet die unmittelbare Abstammung.
⁞ bedeutet eine unbestimmte Anzahl von Generationen in gerader Linie.
——— verbindet Geschwister.
——— verbindet Ehegatten.
———> bedeutet den Uebergang von Ländern oder Titeln von einer Linie zu einer anderen.
† heisst „gestorben" oder auch „gefallen".
In der Tafel XXXII. bedeuten die durch einen Strich (—) getrennten Jahreszahlen das Geburts- und Sterbejahr.

NB. Textverbesserungen und Druckcorrecturen findet man in den nachfolgenden Erläuterungen bei jeder Tafel im Besonderen verzeichnet.

Gebrauchsanweisung und Erklärung der Tafeln.

Wer sich an den Gebrauch genealogischer Tafeln gewöhnt, gewinnt den unberechenbaren Vortheil einer chronologischen Uebersicht der geschichtlichen Thatsachen, ohne das Gedächtniss mit einem Uebermaass von Jahreszahlen beschweren zu müssen. Die genealogische Tafel giebt ein Bild der Entwickelung, welches jede historische Einzelheit gleichsam von selbst in sich aufnimmt. Die genealogische Tafel ersetzt durch das Bewusstsein der Generationenfolge alle Anstrengungen des chronologischen Schematismus. Es wäre selbstverständlich ein ungeheurer Irrthum, wenn jemand meinen würde, die genealogische Tafel sei dazu da, um auswendig gelernt zu werden. Wer etwa seinen Schülern solches zumuthete, thäte doch nichts anderes, als wenn sich der Lateinlehrer damit beschäftigte, jeden Tag eine Seite des Lexikons einprägen zu lassen. Genau wie mit dem Lexikon verhält es sich mit den genealogischen Tafeln in Bezug auf ihren Gebrauch beim Studium der Geschichte. Man wird die Tafel bei der Geschichtsdarstellung kaum besonders berücksichtigen, aber man wird sie dennoch immerfort vor dem geistigen Auge haben, und wenn sie der Schüler in Wirklichkeit vor sich sieht, so wird er alles begreifen, was der Lehrer erzählt, ohne dass es nöthig wäre, eine bestimmte Darlegung aller möglichen individuellen Verwandtschaftsverhältnisse zu geben. Es genügt schon das blosse Betrachten der Tafel, um allen zeitlichen Irrthümern und allen bei der Geschichtsauffassung so verderblichen chronologischen Verwirrungen ein für allemal vorzubeugen.

Die folgenden zweiunddreissig genealogischen Tafeln sind nach Grundsätzen verfasst, welche die oben angedeuteten Zwecke in erster Linie zu erreichen streben. Es sind Zeitbilder von verschiedener Länge, lediglich nach dem Gesichtspunkt der historisch wichtigen Thatsachen zusammengefasst. Die wichtigsten Abschnitte der Geschichte des Abendlands erscheinen an der Hand der Familien- und Geschlechtsabfolge. Durch die vergleichende (synoptische) Darstellung verschiedener Stammbäume werden die Zusammenhänge der Staaten- und Ländergeschichten sich dem Leser gleichsam mit Gewalt aufdrängen.

Diese bisher nicht in Anwendung gekommene Methode genealogischer Arbeiten hat nicht nur den Vortheil den generationsweisen Fortschritt allen geschichtlichen Lebens deutlich vor Augen zu stellen, sondern sie erweckt auch, was für die geschichtliche Erkenntniss die Hauptsache ist, die Vorstellung von dem Zusammenleben und gleichzeitigen Zusammenwirken verschiedener Personen auf das bestimmteste und leicht fasslichste, so zwar, dass die Zusammengehörigkeit gewisser Hauptpersonen, die eheliche Zusammenschliessung von Männern des einen und Frauen des andern Geschlechts und die Aufeinanderfolge der Väter, Söhne und Enkel zu einem unveräusserlichen Besitz des Gedächtnisses und Bewusstseins jedes, der danach seine Geschichte gelernt hat, werden muss. Die auf den Tafeln erscheinenden rothen Linien bedeuten demnach die gleichzeitig zur Lebenswirksamkeit berufenen Geschlechterreihen. Sie sind manchmal durch Unregelmässigkeiten innerhalb des einen oder anderen Stammbaumes gestört, schliesslich zeigen sie aber immer für eine gewisse Reihe von Jahrhunderten einen auffallend übereinstimmenden Abschluss. Die am linken Rand der Tafeln angebrachten römischen Ziffern haben keine andere Bedeutung, als die Zählung der Generationen zu erleichtern, es versteht sich von selbst, dass der Beginn der jedesmaligen Zählungsreihe, etwas ganz willkürliches ist.

Da die Tafeln in ihren synchronistischen Darstellungen lediglich zur Erklärung des weltgeschichtlichen Stoffs dienen sollten, so mussten die Stammbäume der verschiedenen Familien natürlicherweise in mehrfache Theile zerlegt werden. Je nach der zeitlichen Bedeutung, welche Vorfahren und Nachkommen erworben haben, änderte sich die Vollständigkeit der Mittheilung des Stammbaumes. Auf eigentliche genealogische Kenntnissnahme der Familienstammbäume als solcher, kann es in keiner Weise abgesehen sein; die Personen, die hier vorgeführt werden, erscheinen überall nur als historische Personen, ausgewählt in Rücksicht auf ihre geschichtliche Bedeutung. So sehr es zu wünschen wäre, dass hierdurch auch das genealogische Interesse gefördert werden möchte, so wenig könnten diese verschiedenen Zwecke in exacter Weise gleichzeitig erreicht werden. Es war vielmehr ein Hauptbestreben, möglichst wenige Namen anzuführen, und in Rücksicht der Uebersichtlichkeit lieber auch solche Personen wegzulassen, welche vielleicht in grösseren Geschichtsdarstellungen doch noch ihren Platz finden werden und müssen. Dem Leser wird es ja immer leicht sein, bei der Lectüre historischer Bücher manchen Namen ein- und nachzutragen. Für das Studium kommt es in erster Linie darauf an, den Zusammenhang der staatlichen und genealogischer Geschichte in sicherer und dauernder Empfindung der Seele des Studirenden einzuprägen.

Tafel I.
Die Merowinger und Pippiniden.

Die Tafel stellt die Geschichte des fränkischen Reichs von der Mitte des fünften bis zum Ende des achten Jahrhunderts in eilf Generationen dar. Die Familiengeschichte der Merowinger ist dabei nur unvollkommen berücksichtigt; nur der Vater Chlodowech's I., Childerich, der im Jahre 481 starb, ist noch in Berücksichtigung gezogen, die ältere Reihe der Merowinger vor ihm ist ausser Betracht geblieben, obwohl Ueberlieferungen vorhanden sind, über deren Zuverlässigkeit oder Unzuverlässigkeit kein Urtheil gefällt wird. In der Mitte des fünften Jahrhunderts entscheidet die Familie über die Schicksale des fränkischen Stammes. In der Reihe der Generationen zeigen sich die Theilungen und Wiedervereinigungen des gesammten Reichs. In der III. und IV. Generation entwickeln sich vier Theilstaaten, worauf der V. und VI. Generation die Wiederherstellung der Einheit gelingt. Die Nachkommen Dagobert's I. theilen wieder, jedoch tritt von der VIII. Generation ab ein rasches Absterben der Familie ein, und die X. und XI. Generation erscheint nur noch in jugendlichem Alter, vor der Zeit sterbend.

Als Dagobert's I. Zeitgenossen zeigt uns die Tafel die Hausmaier Pippin von Landen und Arnulf von Metz, deren beiderseitige Nachkommen in der III. Generation sich vereinigen und an der Seite der letzten Merowingischen Königskinder die Führung politisch wie genealogisch übernehmen. Pippin der Kurze setzt seinen zeitgenössischen, der X. Generation angehörigen, König Childerich III. ab.

Die wichtigsten Familienverbindungen der Merowinger und Pippiniden sind theils auf der Tafel selbst, theils in den Anmerkungen bezeichnet. Ansegis und Begga sind die Stammeltern Karl's des Grossen, die Burgunderin Chrotechilde ist die Gemahlin Chlodowech's, während dessen Schwester die Verbindung zwischen Franken und Ostgothen repräsentirt. Die wichtigen Verheirathungen der Söhne Chlothar I., die berüchtigte Gegnerschaft Fredegunde's und Brunhilde's, des Westgothenkönigs Athanagild's Tochter, ist in den Anmerkungen wenigstens angedeutet. Als beachtenswerth mag hier noch nachgetragen werden, wozu der Raum nicht reichte, dass der älteste Zweig der Nachkommen Chlodwig's aus illegitimer Eheverbindung stammt und mit dem Enkel Theodobald erlischt, dessen Tochter Theodolinde nach Italien weist, indem sie sich mit den Königen der Longobarden, erst mit Authari und dann mit Ago verheirathet. In den letzten Reihen der Merowinger fanden zahlreiche Heirathen innerhalb der Familie statt.

Aus der letzten Anmerkung ersieht der Leser die mütterliche Abstammung der Karolinger, mit welchen sich die nächste Tafel beschäftigt.

Corrigenda: Statt: Chlothar IV. † 769 lies: † 719.

Tafel II.
Das Karolingische Haus.

Auch bei der Darstellung der Karolingischen Nachkommenschaft sind die staatlichen Verhältnisse als Hauptgesichtspunkt der genealogischen Entwickelung in's Auge gefasst worden. Die vollständige Verbreitung des ganzen Geschlechts in männlicher und weiblicher Abstammung darzustellen, würde ausserordentlich grossen Raum in Anspruch nehmen, denn eine unendlich grosse Zahl von Familien weist auf irgend einen Zusammenhang mit dem Karolingischen Geschlechte hin. Dergleichen nachzuweisen, ist die specielle Aufgabe der genealogischen Wissenschaft, mit der wir es hier nicht unmittelbar, sondern nur insofern zu thun haben, als die Kenntniss der staatlichen Verhältnisse ohne dieselbe überhaupt und im Allgemeinen nicht erreichbar ist.

Demgemäss zeigt die Tafel II. die Entstehung der modernen Staaten aus den rein familiären- und Zeugungsverhältnissen der Nachkommen Karl's des Grossen. Mit Baiern und den Longobarden zeigt das Haus Karl Martell's allerlei Verbindungen, doch wurde die Ehe Karl's des Grossen mit der Tochter des Königs Desiderius nur indirect der Grund der Vereinigung Italiens mit dem Frankenreiche, denn die Kinder Karl's des Grossen stammen, wie die Anmerkung zeigt, alle, so zahlreich sie sind, aus anderweitigen Verbindungen. Merkwürdigerweise ist der Zwillingssohn Karl's, Ludwig, der einzige Stammhalter des Geschlechts geblieben, vereinigt noch einmal das schon mit seinen Geschwistern getheilte Reich, und theilt es wieder, fast unmittelbar nach dem Tode des Vaters, worauf sich neben Italien das ostfränkische und westfränkische Reich gleichsam als feststehender Familientypus, daneben aber auch Theile wie Aquitanien, Burgund. Lothringen, Provence, Baiern und Friaul besonders entwickeln, je nachdem die Familienverhältnisse es wünschenswerth machen. Die in den verschiedenen Linien des Hauses sich vererbende Kaiserkrone ist durch fettgedruckte Namen ihrer Träger auf der Tafel sichtbar gemacht. Der älteste Zweig der Söhne Ludwig's des Frommen endet im Mannesstamm in der dritten Geschlechtsreihe, deren weibliche Descendenz in der Provence und in Italien (siehe Anmerkung d und e) fortlebt. Der aquitanische Zweig von Ludwig's Nachkommen stirbt mit den Enkeln aus, während der deutsche Stamm sich durch den unechten Kaiser Arnulf in das zehnte Jahrhundert fortpflanzt, nachdem bis zum Tode der Söhne desselben seit Pippin von Heristal neun Generationen zu zählen sind. Wie durch die verhängnissvolle Ehe Ludwig's des Frommen mit Welf's Tochter Judith die politischen Verhältnisse Europas verwickelt wurden, ist durch die Anmerkung b ersichtlich gemacht; wonach der Stiefbruder Karl Stammvater der westfränkischen Karolinger und Begründer des französischen Reichs und Königthums werden musste. Die Reihe der Könige nach Karl dem Kahlen schliesst in sehr rascher vorgreifender Geschlechtsfolge mit der neunten Generation seit Karl Martell, während der angeblichen Abstammung der thüringischen Grafen, als einer eben bestehenden Ueberlieferung, hier nur gedacht wird. Auch die Zurückführung der Konradiner in Franken auf Ludwig den Frommen durch dessen Tochter Alpais (Anmerkung c) sollte nicht unerwähnt bleiben. Die nächsten Tafeln beschäftigen sich eingehend mit der ältesten Staatsgeschichte des deutschen Reiches, in welchem sich alles politische Leben um die grossen sächsischen und fränkisch-schwäbischen Familien dreht.

Tafel III.
Das sächsische Kaiserhaus und die burgundisch-italienischen Häuser.

Zur Vergleichung der Geschlechtsreihen der Sachsen, ist an der Seite die karolingische Reihe der Könige seit Ludwig dem Frommen angebracht, dessen Söhne und Tochter Gisela die Zeitgenossen des grossen Stammvaters Liudolf's sind, dessen beide dritte Enkel das Haus in männlichen Linien schliessen, indem die ältere Linie der Ottonen das Gesammtreich der Deutschen begründet, welches alsdann auf die jüngere baierische Linie fällt. In der fünften Generation, von Ludwig dem Frommen gerechnet, steigert sich die Bedeutung des sächsischen Hauses durch die Beziehungen zu Italien und Burgund, da Otto der Grosse die schicksalsvolle Tochter seines Zeitgenossen Rudolf's II. von Burgund, die Königin Italiens, Adelheid, in zweiter Ehe heirathet. In den Anmerkungen sind die ehelichen Verhältnisse Heinrich's I. wie Otto's des Grossen deutlich gemacht. In Otto II. zeigen sich die Beziehungen zu Griechenland (Anmerkung c); in seinem Vetter Heinrich dem Zänker knüpfen die Ansprüche des Reichs auf Burgund an, indem Heinrich der Zänker, König Konrad's von Burgund Tochter Gisela heirathete, deren Sohn Heinrich der Heilige war. Zur Ergänzung der Geschlechtsverhältnisse unter den sächsischen Kaisern und zur Vorbereitung für die salische Periode dient:

Tafel IV.
Konradiner und Babenberger.

Rein genealogisch betrachtet bestehen hier mancherlei Schwierigkeiten, auf deren kritische Lösung es hier durchaus nicht abgesehen ist. Es handelt sich darum, die politischen Gegensätze zwischen dem älteren und jüngeren salischen Zweig und den Babenbergern zur vollen Anschauung zu bringen. Die Beziehungen zu dem Hause der Sachsen werden durch die Verheirathung von Otto's Tochter Liutgart mit dem phantasievollen Konrad dem Rothen, Werner's Sohn vom Wormsgau, zur Kenntniss gebracht. Der zweite Enkel ist der Kaiser Konrad II. Die Nachkommen des Grafen Gebhard in der Wetterau verschlingen ihre Schicksale mit dem Hause Otto's des Grossen durch Ida, die Tochter Hermann's von Schwaben, während Hermann's II. Tochter Gisela eine gleichsam die hervorragendsten Stämme Deutschlands verbindende, mächtige Bedeutung besitzt. Die Anmerkung a auf dieser Tafel, welche die Ehen dieser Kaiserin zur Darstellung bringt, wird sich der Leser gerne als eines der wichtigsten, welthistorischen Bilder leichtfasslich in's Gedächtniss prägen. Die berühmte Mutter Kaiser Heinrich's III. und des unglücklichen Schwabenherzogs Ernst steht inmitten der verwandtschaftlichen Entwickelung der sächsisch-konradinisch-babenbergischen Häuser.

Tafel V.
Salische Kaiser und sächsische Herzöge.

Mit dem Ausgang des sächsischen Kaisergeschlechts traten neue Familien auf den Schauplatz der deutschen Geschichte. Das neue sächsische Haus der Billunger zeigt einen merkwürdigen Parallelismus mit dem salischen, stirbt aber in männlicher Linie noch vor dem letzteren aus. Die politischen Verwickelungen ergeben sich aus den Verwandtschaften der mannigfach verschwägerten Familien der Salier, der Welfen, der Ballenstädt, Nordheim und Supplinburg. Die Erbtöchter der Billunger dirigiren die Geschichte Deutschlands seit 1106. Alle Politik des deutschen Volks gipfelt in dem Gegensatz der Häuser, welche sich einerseits aus der sächsischen Erbschaft, andererseits aus der salischen Kaiserüberlieferung entwickelt haben. Die letztere ist vermittelt durch Heinrich's IV. Tochter Agnes, Stammmutter der Staufer und Babenberger, die erstere theilt sich zwischen den Nachkommen Wulfhilde's und Eilica's. So sind die Welfen in Sachsen von drei Müttern ernährt worden, jener Billungerin, Richenza und Gertrude. Die Tafel ist durch Hervorhebung dieser politischen Gesichtspunkte der Genealogie so einleuchtend gemacht, dass es nur eines Blickes bedarf, um alle Kämpfe der folgenden Zeit, wie derjenigen Heinrich's IV. zu begreifen. Die Verwandtschaften Rudolph's von Rheinfelden und der Plantagenets mit den Saliern sind in den Anmerkungen gegeben, wo sich das Gesammtbild des weiblichen Fortlebens des salischen Hauses, ebenfalls durch die in die Mitte gestellte Kaisertochter darbietet.

Tafel VI.
Staufer und Welfen.

Es braucht kaum bemerkt zu werden, dass die deutsche Geschichtsperiode des XII. und XIII. Jahrhunderts, ohne die wechselseitigen Beziehungen der staufischen und welfischen Familien nicht verstanden werden kann. Nur die generationenweise Zusammenstellung beider, wie sie das Blatt darbietet, kann ein Bild der Wirklichkeit geben. Die Lebenslinien der Hauptpersönlichkeiten decken sich bis auf einen Unterschied von zehn bis fünfzehn Jahren. Die Reihe der deutschen Kaiser und Könige ist durch fettere Schrift kenntlich gemacht.

Das Staufische Geschlecht ist gegen das der Welfen ein verhältnissmässig junges. Ueber Ursprung der Familien sich zu unterrichten, bleibt dem Leser anderweitig empfohlen. Der erste Versöhnungsversuch der beiden feindlichen Familien wird durch die Verheirathung des zweiten Herzogs Friedrich von Schwaben mit der Tochter Heinrichs des Schwarzen begründet. Der letzte Versuch dieser Art wird durch die Tochter Philipps von Schwaben in der Vermählung von Otto IV. zu erkennen sein. Die Politik Friedrich's I. greift nach Burgund und Sicilien hinüber; wie aus Anmerkung a zu ersehen ist. Die entscheidende Wendung der Schicksale des Hauses ergiebt sich aus der Verbindung Heinrich's VI. mit Constanze, bei welcher Gelegenheit sich ein rasches Erlöschen der zahlreichen männlichen Nachkommenschaft Kaiser Friedrich's I. beobachten lässt. Die weiblichen Descendenzen reichen indessen auch in dieser Generation sehr weit, vermöge der Töchter des Pfalzgrafen Otto und Philipps von Schwaben, die der Uebersichtlichkeit wegen auf der Tafel jedoch nicht vollständig erscheinen. Die griechisch-deutsche Verbindung Philipps lernt man aus Anmerkung b kennen.

Das rasch wieder verschwindende Haus Friedrich's II. wurde durch zahlreiche Frauen begründet. Die Söhne der illegitimen Ehen, Enzius und Manfred, sind wegen der darausfolgenden weiblichen nach Aragonien und Sicilien hinweisenden Descendenz ebenso wichtig, wie die unglücklichen früher geborenen Söhne Konstanzes von Aragonien und Jolanthes von Jerusalem. Friedrich's II. Ehe mit dieser Erbin Jerusalems hat nicht viel reelle Bedeutung, aber doch die Titulatur des Königreichs Jerusalem mit dem deutschen Kaiserthum in Verbindung gebracht. König Konrad IV., aus dieser Ehe entsprossen, beschränkt sein Wirken auf Deutschland und dessen fürstliche Häuser, zu denen seine Beziehungen auf der VIII. Tafel in der Anmerkung c dargelegt werden.

Der unvergleichlich längere Stammbaum des welfischen Hauses wird auf vorliegender Tafel nur in dem verhältnissmässig kleinem Abschnitt der Weltstellung dieses Hauses zur Darstellung gebracht. Die landeshoheitliche Epoche desselben wird in späteren Tafeln gezeichnet werden. Die grosse Zeit der Familie reicht vom Anfang des XII. bis zur Mitte des XIII. Jahrhunderts. Es sind vier Generationen, innerhalb deren das gewaltig rasche Aufsteigen und der tiefe Fall der Familie erfolgt ist. Die italienische Politik, welche den Häuptern im Blute steckte, ist durch die Beziehungen zur Gräfin Mathilde charakterisirt. Die breite Grundlage des Hausbesitzes aus den Tafel V schon gekennzeichneten Erbschaftsverhältnissen Sachsens ist dagegen als das dauernde Princip ihrer Geschichte zu bemerken. Kurzlebig auf der grossen Bühne der Weltgeschichte steht sie unerschütterlich auf dem Erbe ihrer sächsischen Mütter.

Auf Heinrich des Stolzen Vermählung mit der Tochter des Kaisers Lothar ist oben verwiesen. Deren zweite Ehe ist durch die Anmerkung b Tafel VII zu ersehen. Durch sie sucht der Babenberger sein Anrecht auf Baiern gegen das welfische Haus besser zu begründen, aber der Stiefsohn Heinrichs von Oesterreich, Heinrich der Löwe bleibt Sieger. Er streckt seine Besitzungen vom Meere bis über die Alpen nach Italien und befestigt seine Weltstellung durch die Beziehungen zu Englands König. (Anmerkung d.) Die mannigfaltigen Verschwägerungen der Welfen sind hier nicht bis ins einzelne verfolgt, um die Tafel durch zu zahlreiche Töchternamen, die man anderweitig suchen mag. nicht zu überfüllen. Die Fortpflanzung des welfischen Geschlechts geschieht aber merkwürdigerweise durch den jüngsten und bescheidensten Sohn Heinrich des Löwen, Wilhelm.

Tafel VII.
Babenberger, Thüringer, Brabant und Hessen.

Zu den merkwürdigsten und auffallendsten Erscheinungen der älteren Geschichte deutscher Familien gehört der politische Parallelismus der Lebenslinien der Babenberger und der alten Landgrafen von Thüringen. Fast zu gleicher Zeit emporgekommen, erfüllt sich das Schicksal beider Geschlechter innerhalb eines und desselben Jahres durch Aussterben der männlichen Nachkommenschaft, woraus sich die bekannten Erbfolgekriege in beiden Ländern ergeben.

Auf die unsichere Abstammung Ludwig des Bärtigen (vergl. Tafel II) lege ich kein Gewicht. Die Reihenfolge der Landgrafen ist bis in die fünfte Generation nur in einer Linie beachtet, in der VIII. Geschlechtsreihe ist der Name der heiligen Elisabeth, wie man leicht bemerken wird, nur wegen Raummangels, als Gemahlin Ludwig's, nicht genannt worden, und konnte als politisch indifferent weggelassen werden; aus den Beziehungen zu Ungarn haben sich bekanntlich keine weiteren Folgen ergeben.

Viel weitergreifende Verbindungen schliessen die Babenberger, denn abgesehen von den schon erwähnten eingreifenden Beziehungen zu dem fränkischen Kaiserhause (Tafel IV und V) und der weiter erwähnten Ehe Heinrich Jasomirgotts mit Gertrud, Wittwe Heinrichs des Stolzen, ist des letzteren zweite Ehe mit der Griechin Theodora schon für die orientalischen Fragen ins Auge zu fassen. Die sämmtlichen Stiefbrüder Kaiser Konrad's III., das heisst Oheime Friedrich des Rothbarts sind nicht angeführt worden, es genügt auf Otto von Freising zu verweisen. Der Zusammenhang der Babenberger mit den steirischen Ottokaren wird durch Anmerkung c deutlich gemacht. Der Ausgang des Geschlechts ist durch die Gemahlin des Königs Heinrich VI. Margarethe (vergl. Tafel VI c) und durch die Abstammung der Gertrude klar gelegt.

Was Hessen anbelangt, so sieht der Leser den Zusammenhang der grossen Familie mit den Karolingern angedeutet. Die Genealogie der alten Hennegauer und Grafen von Löwen, bleibt dem Studium der Specialgeschichte überlassen. Wo das Geschlecht in die deutsche Staatsgeschichte eingreift, da ist es die Zeit Gottfrieds des Bärtigen, Zeitgenossen des Landgrafen Ludwigs I. und Leopolds III. Die Beziehungen dieser Brabanter speciell zu Thüringen traten spät und mit unerwartet raschen Consequenzen ein, denn Heinrich's des Grossmüthigen zweite Ehe mit Sophie von Thüringen begründete das Landgrafengeschlecht von Hessen, während die fortlebenden Brabanter Herzoge aus dessen erster Ehe stammen und mithin Hohenstaufisches Blut, bis zum Erlöschen 1406 in sich tragen. Diese Verhältnisse, so wie auch der Zusammenhang der Thüringer mit den Meissnern und die Abstammung der Wettiner mütterlicherseits von den alten Landgrafen von Thüringen, sind ja wohl in der Tafel wie in den Anmerkungen d, e, f zu vollster Anschaulichkeit gebracht worden.

Tafel VIII.
Habsburger, Wittelsbacher.

Beide Geschlechter werden hier nicht auf ihren Ursprung zurückgeführt, so interessant für den Genealogen diese Dinge auch wären. Die ersten angeführten Häupter beider Familien, am Ende des 12. Jahrhunderts, erscheinen bereits als politische Grössen. Otto von Wittelsbach ersetzt den geächteten Heinrich den Löwen in Baiern, Albrecht der Reiche vereinigt mit seinem grossen, schwäbischen Hausbesitz das elsässische Landgrafenamt, beide, wie es schien, festeste Stützen der staufischen Königsgewalt und doch vorzügliche Vertreter der jetzt eintretenden Dynastenbestrebungen. Mit der Erweiterung des Besitzes und den zunehmenden Würden tritt das Princip der Theilungen schon in der vierten und in den folgenden Generationen mächtig hervor. Ueber diesen in den Dynastengeschlechtern aufgekommenen Gebrauch will ich hier ein für allemal und mit Rücksicht auf alle folgenden Tafeln einiges bemerken.

Die Theilungen der alten, grossen Stammgebiete im 13. und 14. Jahrhundert werden nicht immer richtig aufgefasst; sie gehören zu jenen glücklichen Ereignissen, welche die Bildung einer nationalen Einheit Deutschlands ermöglicht haben. Sie sind mithin politischwichtige Faktoren, ohne deren Kenntniss von deutscher Staatsentwickelung gar nichts verstanden werden kann. Würden die alten Stamm-Herzogthümer nicht dynastisch zerrissen worden sein, so gäbe es auf der Karte von Europa neben Frankreich überhaupt nur eine Anzahl von fünf bis sechs Königreichen, die in gar keinem Zusammenhang untereinander ständen. Wer also die Theilungen der deutschen Staaten zu lernen wünscht, kann es ohne Kenntniss der genealogischen Linien nicht erreichen. Die Tafeln muthen dem Leser hier nur zu, die allerwichtigsten Linien zur Kenntniss zu nehmen, das weitere Detail bleibt unberücksichtigt.

So ist denn in der Geschichte Habsburgs im grossen Ganzen dreierlei im Auge zu behalten. Die Theilung des ursprünglichen Hausbesitzes ein für allemal vollendet in der dritten Generation, die Theilung der vorderen Lande und der unter Rudolf von Habsburg erworbenen Reichsländer; und endlich die Theilungen der österreichischen Gebiete in ihrer Gesammtheit. Gesammtvereinigung des Besitzes hat bis auf die neuere Zeit nur zweimal stattgefunden, in der V. Generation (Albrecht I.) und in der X. (Maximilian I.). Die Enkel Albrecht's I. sind die Stifter der beiden Hauptlinien, welche ebenfalls erst in der X. Generation zusammenschmelzen.

Höchst charakteristisch und merkwürdig, dass dieserselben Geschlechtsreihe jener Wittelsbacher angehört, welcher die gesammten bairischen Länder ebenso vereinigt, wie Maximilian I. die österreichischen. Er heirathet noch dazu Maximilians Schwester zu dem Zweck, um der Tendenz Baierns Ausdruck zu geben, von da an unausgesetzt nach dem Osten hin sich auszubreiten. (Ein nie aufgegebener und nie erreichter Versuch.) Gehen wir die Ahnenreihe der Wittelsbacher hinauf, so zeigt sich parallel den habsburgischen Theilungen eine ebenfalls dreifache Gliederung: Die bleibende Theilung von Pfalz und Baiern in der V. Geschlechtsreihe, die wechselnde Theilung von Ober- und Niederbaiern und die vier Generationen umfassende Theilung von Landshut und München. Gleichsam als vorübergehende Anexionen des Wittelsbachischen Hauses fällt ein grosses Gewicht auf Brandenburg und Holland, worüber sich die Tafeln X und XIV noch später verbreiten.

In den Anmerkungen dieser Tafel ist a. das merkwürdigste Familienglück Rudolph von Habsburg vor Augen geführt, b der Ursprung der österreich-bairischen Verwandtschaften, die sich im Laufe der Zeiten unendlich oft wiederholt haben, dargelegt und c die äusserst wichtige Vermischung hohenstaufischen und wittelsbachischen Bluts mit Rücksicht auf die kärnthnisch, tirolischen Erbfolgefragen des 14. Jahrhunderts, durch ein einfaches, genealogisches Bild zur Anschauung gebracht.

Tafel IX.
Prschemysliden, Luxemburger, Nassauer.

Prschemysliden und Luxemburger gehören mit Rücksicht auf Böhmen unmittelbar zusammen, obwohl die Wiegen der Ahnen dieser Geschlechter sehr weit von einander standen, und wenn auch genealogisch die Familiengeschichten weit zurück verfolgt werden können, so wird es politisch genommen doch ausreichend sein, die Herrscher Böhmens seit erlangter Königswürde durch Friedrich den Rothbart und die Luxemburger seit dem Vater der Erbtochter Ermesinde, seit Heinrich den Blinden in Betracht gezogen zu haben. Durch diese Ermesinde wurde Luxemburg dem Grafen von Bar zu Theil, von wo in dritter Generation sich das Geschlecht auf den Kaiserthron emporschwingt, um dann eine welthistorische Rolle durch anderthalb Jahrhunderte nahezu zu spielen. Für die Geschichte Böhmens speciell zeigt sich vom 13. Jahrhundert ab eine gleichsam wetteifernde Masse von Ansprüchen der Habsburger und Luxemburger bedeutsam. Alle die Verbindungen, auf denen sich die genannten Häuser in ihren Anexionsbestrebungen erhoben haben, konnten von

Ottokar II. ab, bis auf Ladislaus Posthumus in einer einzigen übersichtlichen Anmerkung klargelegt werden.

Das Luxemburgische Geschlecht ist in seinen letzten von den Söhnen Johannes ausgehenden Generationen rasch verfallen, und merkwürdigerweise sind auch die zahlreichen Töchter Karl's IV., so politisch wichtige Ehen sie geschlossen haben, genealogisch unbedeutend für spätere Geschlechter. An die Prschemysliden und Luxemburger wurden hier die Nassauer angeschlossen, nicht blos um in der Reihe der Könige von Rudolph I. bis Sigmund den Stammbaum des Königs Adolph vorzuführen, sondern auch mit Rücksicht darauf, dass in neuerer Zeit sich das Haus der Nassauer im Besitz des alten Luxemburg findet.

Tafel X.
Das Ascanische Haus in Brandenburg und Sachsen, Hohenzollern und Wettiner.

Bei dieser Tafel befinden wir uns mitten in den Verwickelungen des 14. und 15. Jahrhunderts in Deutschland. Eine volle Uebersicht der dynastischen Beziehungen dieser Zeit gehört freilich zu dem schwierigsten. Denkt man sich das Ascanische Haus in Brandenburg in Sachsen gleichsam in die Mitte der Ereignisse gestellt, so wird es einerseits von den Luxemburgern und Hohenzollern, anderseits von den Thüringern und Meissnern, das heisst, dem Wettinischen Haus flankirt. Von der Zeit Albrechts des Bären bis auf die Zeitgenossen des ersten Kurfürsten von Brandenburg aus den Hohenzollern und des ersten sächsischen Kurfürsten aus den Wettinern sind zweihundertfünfzig Jahre verflossen. Die Theilung der Häuser von Brandenburg und Sachsen war unter den Söhnen und Nachkommen Albrecht des Bären so durchgreifend, dass der letzte der Brandenburger nicht von der jüngern sächsischen Linie, sondern erst von den Baiern, dann von den Luxemburgern (siehe die früheren Tafeln) und endlich von den Hohenzollern beerbt werden. Der Anhaltische Zweig des Hauses, trennt sich ebenso vollständig mit dem zweiten Sohn des Herzogs Bernhard, wie die Theilungen des Lauenburgischen und Wittenbergischen Sachsens in der nächsten Generation entscheidend sind. Die Tafel verfolgt nur die Geschichte des Kurfürstenthums. Die Geschichte der herzoglich Anhaltinischen und Lauenburgischen Länder muss specieller Unterweisung überlassen bleiben.

Der Parallelismus des Hohenzollerischen und Wettinischen Hauses ist ausserordentlich zutreffend, doch nur seit dem Beginn des 13. Jahrhunderts hier in's Auge gefasst. Die genealogische Vorgeschichte wurde wenigstens in Bezug auf die Wettiner anmerkungsweise skizzirt.

Zu den verwickelten Hauskriegen der Thüringer giebt die Anmerkung b ein hoffentlich klares Bild. Um die bairisch-luxemburgische Periode in Brandenburg nach dem Tode des Markgrafen Waldemars zu kennzeichnen, dient die Anmerkung c.

Tafel XI.
Frankreich, England, Dänemark.

Unsere Tafeln verlassen hier das deutsche Reich, um sich bei den Nachbarstaaten zu orientiren. Vom 9. bis 11. Jahrhundert steht Frankreich, England und Dänemark in abgeschlossener Entwickelung den deutschen Angelegenheiten ziemlich fern. In Frankreich gilt es, das politische Aufkommen der Grafen von Francien zu verfolgen; bis in die Zeit Karl's des Kahlen lassen sich die Ahnen Hugo Capets neben die gleichzeitigen Karolinger stellen. Von den Königsfamilien der Angelsachsen ist selbstverständlich lediglich auf Ecgbret's Nachkommen Rücksicht genommen worden, indem alles andere dem Specialstudium überlassen bleiben muss. Der unsichern Verbindungen mit Gorm von Dänemark ist nur gedacht, um das Eingreifen der Dänen und das Aufkommen des dänisch-englischen Reichs zu kennzeichnen. Die weitere politische Entwickelung schliesst sich in England und in Frankreich so innig an die Geschichte der Dynastien an, dass die folgenden Tafeln sich ausschliesslich diesen beiden Ländern zuwenden.

Tafel XII.
Frankreich, England und die Normandie.

Mit dem 12. Jahrhundert traten die Herzöge der Normandie, nachdem Rollo von Karl dem Einfältigen belehnt worden war 912, als ungewünschte Erben Englands auf, und pflanzten sich in weiblicher Nachkommenschaft nicht nur auf dem Königsthron von England fort, sondern traten auch durch ihre Verbindung mit dem mächtigsten der französischen Dynastengeschlechter, den Plantagenets, als die gewaltigsten Rivalen der Capetinger hervor. Die stetig dahinfliessende Geschlechterreihe der Capetinger lässt seit dem Beginn des 11. Jahrhunderts das stetig wachsende Königthum Frankreichs erkennen. Mit Heinrich II. beginnt die Rivalität Englands, nachdem dessen Söhne den lange regierenden älteren französischen Philipp II. August im heiligen Land und auf französischem Boden bekämpft hatten. Ludwig IX. der Heilige in vollständigster Zeitgenossenschaft Heinrich's III. von England sichert die Bedeutung der französischen Krone für alle Zeiten, nicht nur politisch im Innern, sondern auch durch die Ausbreitung des jetzt in gewaltigen Aesten auseinanderstrebenden Stammbaums. Die zu fast selbstständigem Ansehen gelangenden Linien der Capetinger seit Ludwig VIII. streben nach Verpflanzung in's Ausland. Die drei Geschlechtsreihen Ludwig IX., Philipp III. und Philipp IV. müssen demnach besonders wegen der Gründung der neuen Häuser: Artois, Anjou, Clermont (Bourbon) und Valois aus genealogischen Gesichtspunkten betrachtet und in dieser Hinsicht genau studirt werden, wenn man einen Begriff von der französischen Geschichte in den nächsten Zeiten haben will.

(Vergl. die Tafeln XIII., XVI., XVII., XXIII.)

Tafel XIII.
Valois, Lancaster und York.

Um der schwierigen Verhältnisse der genannten drei Häuser, welche merkwürdigerweise in der Lebenslänge im Ganzen, wie in den einzelnen Geschlechtsreihen ausserordentlich gut übereinstimmen, besser Herr werden zu können, ist dem Leser auf dieser Tafel zweierlei empfohlen. Er hat sich die Hauptzweige, deren Namen stark hervorgehoben sind, in den Personen zu vergegenwärtigen, woneben sich ihm dann der Begriff der in den Nebenlinien sich anschliessenden Häuser leicht ergiebt. Ausserdem sind die schwierigen verwandtschaftlichen Details im Besonderen in den Anmerkungen verzeichnet, in denen er bei der Lectüre wie der Geschichte, so des Romans, der ja gerade in dieser Epoche so üppig wuchert, nur wie in einem Lexikon nachzuschlagen braucht, um sich der mannigfaltigen Beziehungen dieser schicksalsvollen Persönlichkeiten zu vergewissern.

Blicken wir zunächst auf die Valois, so sind die sieben Könige von Frankreich allerdings kaum 200 Jahre in Wirksamkeit gewesen. Wie denn auch die Nachkommen Eduard's III. in ihren Lebenslinien durch gewaltsame Todesfälle beschränkt erscheinen. Die Nebenlinien der Valois sind nur in den Nachkommen Karl's V. (Tafel XVII.) für den Thron des Reiches wichtig geworden. Die Anjou's sind noch früher als die Hauptlinie ausgestorben, von so universeller Bedeutung sie auch in Europa geworden waren. Die glücklichen Herzöge von Burgund (Tafel XIV.), welche die schönsten und reichsten Länder erworben haben, erloschen im Mannesstamm schon vor Ludwig XI., die Alençons aber, welche länger dauerten, haben keine grosse politische Bedeutung erlangt.

In England handelt es sich vorzugsweise um die Nachkommen des dritten und vierten Sohnes Eduard's III., um die weisse und rothe Rose. Das Blut der Valois vereinigt sich mit dem der Lancaster

(Anmerkung b und d) in den Tudors. Beiderseits jedoch nur in weiblicher Descendenz, denn die directe Abstammung Heinrich's V. und Katharina's von Frankreich überlebte mit Heinrich VI. die nächste Generation nicht mehr. Dagegen hatten die Brüder Heinrich's IV. mehr Aussicht, in den Sommersets und Beauforts fortzuleben. Die Yorks sind dann ebenfalls nur durch Elisabeth, Heinrich's VII. von Tudor Gemahlin, und durch Margarethe, die Mutter des Cardinal Pole, für die nachkommende Welt wichtig geworden.

In Anmerkung a wurden hier die fast mehr für Deutschland als für Frankreich eingreifenden Verbindungen zwischen Valois und Luxemburg nachgetragen.

Tafel XIV.
Burgund, Brabant, Flandern, Holland.

Welcher Schüler und vielleicht auch mancher Lehrer hätte nicht zuweilen geseufzt bei dem Anblick des merkwürdigen, wichtigen und für die neuere Geschichte Europas in Politik und Cultur gleicheingreifenden burgundischen Staats. Was ist dieses Neugebilde? Wie entsteht es plötzlich, fast phänomenal auf der Karte Europas? Warum führt man durch 300 Jahre die blutigsten Kriege um diese Länder zwischen dem Westen und Osten? Und doch hat schon der alte, vortreffliche Hübner in seinem grossartigen genealogischen Werk vor nahezu 200 Jahren dieses Problem auf einer einzigen Tafel so anschaulich gelöst, dass jeder halbwegs Geübte durch einen einzigen Blick sich die Existenz des neuburgundischen Reiches klar machen kann. Ich habe mir diese geistvolle Uebersicht der Hübner'schen Tabellen in der Anmerkung dieser Tafel angeeignet. Es handelt sich, wie jedermann sieht, um vier Erbtöchter, die sich gleichsam an das glückstrahlende Haus von Burgund anschliessen, und um die, schon auf Tafel XII. nachgewiesene, Nachkommenschaft des Königs Johann des Guten gruppiren. Vier reiche Erbtöchter und ein geistvolles Herrengeschlecht geben den Begriff des burgundischen Staats.

Das burgundische Haus selbst hat sich zweimal verjüngt und abgezweigt vom Stamme der Capetinger. Die Nachkommen des Grafen Robert, Sohnes des König Robert von Frankreich, erloschen als Herzöge von Burgund im Jahre 1361, wodurch Philipp der Kühne, eben jener Bruder Karl's V., in den Besitz der Weinkammer von Europa gelangt ist. In der V. Geschlechtsreihe vererbte sich, unermesslich gewachsen, zum nie erloschenen Schmerze Frankreichs dieser herrliche Besitz an Habsburg.

Indem wir nun die brabantisch-flandrisch-holländische Geschichte in die Jahrhunderte hinauf verfolgen, knüpfen wir zunächst an die Tafel VII an, wo neben dem hessischen, das ältere brabantische Geschlecht, aus langer Reihe der Vorfahren erblüht und noch durch vier Generationen fortblüht, um in der Erbin von Brabant Johanna zu erlöschen, welche den Herzog Anton von Burgund zum Erben einsetzte, von dem Brabant an die ältere burgundische Linie dann überging. Die Schwester Johanna's, Margarethe, war die Mutter Margaretha Malana's, welche ihrerseits als Erbtochter von Flandern sich mit Philipp dem Kühnen verheirathete und so die Besitzungen der Grafen von Dampierre dem burgundischen Hause zubrachte.

Die alten Grafen von Flandern lassen sich gut, genau wie die von Holland, bis in die Zeiten Karl des Kahlen verfolgen. Da wir aber hier nicht eigentliche Familiengeschichte, sondern die politische Geschichte in Betracht ziehen, so genügt es, an den Kaiser Balduin von Konstantinopel so gleichsam nur zu erinnern, um die wichtigen Kämpfe wegen Flandern, seit den Zeiten des neuaufkommenden Geschlechts der Dampierre, zu erklären.

Der 1256 erschlagene römische König Wilhelm von Holland hatte eine Schwester, die in das Haus der Avesnes heirathete, um ihren Nachkommen beim Erlöschen des altholländischen Mannesstammes diese Grafschaft zu vererben. Wieder hatte aber die männliche Linie der Avesnes nur eine kurze Lebenszeit und Kaiser Ludwig der Baier verpflanzte sein Geschlecht, durch seine holländische Gemahlin Margarethe, nach dem Gestade der Nordsee. Des Kaisers Urenkelin aber ist die vielumworbene, von der Geschichte und der Dichtung episch und dramatisch verwerthete Jacobäa von Baiern, die im Jahre 1433 mit Philipp dem Guten jenen merkwürdigen Vertrag schloss, der die Schicksale Hollands durch so lange Zeit hindurch mit dem Süden von Europa verbunden hat.

Tafel XV.
Die königlichen Häuser in Spanien.

Die Entwickelung Spaniens im Mittelalter im Gegensatz zu den arabischen Eroberungen gehört zu den bekanntlich interessantesten Gegenständen unserer europäischen Geschichte. Wie sich nämlich in den kleinen nördlichen christlichen Gebieten eine Anzahl von strebsamen Familien erhält, erhebt oder festsetzt, dies zu beschreiben, ist besonders auch genealogisch ebenso interessant als schwierig. Die Tafel skizzirt selbstverständlich nur diese ältesten Zeiten, aber im Allgemeinen tritt auch hier, schon in den ältesten Zeiten das Gesetz der Erblichkeit in der weiblichen Nachkommenschaft für diese politischen

Verhältnisse entscheidend auf. So kann man sagen, Spanien beruht auf den Heirathen seiner grossen Dynastien. Dreimal ist im Laufe des Mittelalters auf diese Weise eine Art von Vereinigung entstanden, die vorbildlich war für die Monarchie der Habsburger: erstens, als Sanctius Major III. von Arragonien sich mit Nunia von Castilien verheirathete, zweitens, als Eleonore von Arragonien mit Johann I. von Castilien, und drittens, als Ferdinand von Arragonien sich mit Isabella von Castilien verbanden. Dazwischen liegen immer neue Theilungen und für Castilien einerseits die Erwerbung von Leon durch Ferdinand des Grossen Vermählung mit Sanctia, wie für Arragonien die Erwerbung Siciliens durch Peters III. hohenstaufische Verbindungen andererseits. Neapel blieb den Arragonen ein Gegenstand der Sehnsucht, die sie bald auf dem Wege von Heirathen mit den Anjous, bald mit Gewalt und List zu befriedigen suchten. Als im 15. Jahrhundert, von Ferdinand I. an, die arragonische Dynastie in Italien so mächtig wurde, so hatte dies die Ouverture zu den Weltkriegen des 16. Jahrhunderts bilden müssen, da der Enkel Ferdinand des Katholischen, und mit ihm die neue Dynastie der Habsburger die Eifersucht der Anjous auf die französische Kriegsmacht vererbte. Dies war der Lauf der Weltgeschichte — eine Complication von Familienverwickelungen der seltensten Art.

Was die Reihe und Aufeinanderfolge der Generationen beziehungsweise der Könige und Herrscher betrifft, so wurde auf der Tafel selbstverständlich auf eine volle Uebersicht verzichtet. In der IV. Geschlechtsreihe seit Sanctius Major tritt in Arragonien das Geschlecht der Grafen von Barcelona und in Castilien die Verheirathung der Königin Urassa mit dem Grafen Raimund von Burgund als wichtig hervor. In weiterer Abfolge schien es nur nöthig, einige Hauptpersonen, wie etwa den deutschen König Alfons X. von Castilien hervorzuheben. Bei dieser Tafel dürfte im Uebrigen nicht überflüssig sein, besonders zu betonen, dass die Lectüre der Tafeln sich überall nur durch vergleichende Herbeiziehung des historisch-geographischen Atlas empfiehlt; auf diesem wird man die territorialen Staatenbilder der Königreiche Arragonien, Navarra, Suprarbien, Castilien, Leon und Portugal leicht erfassen.

Tafel XVI.
Das burgundische Haus in Portugal und die älteren und jüngeren Anjous.

Abzweigungen des grossen, französischen Königshauses sind es, die im äussersten Südwesten, Süden und Osten Europas seit dem 12. und 13. Jahrhundert eine so grosse und merkwürdige politische Rolle gespielt haben, dass man sagen kann, capetingische Häuser und französischer Einfluss regierten halb Europa. Es war deshalb nothwendig, von dem fernen Portugal einerseits und von Ungarn und Polen andererseits auf einer und derselben Tafel zu sprechen. Mehr als hundert Jahre vor der Zeit Ludwigs VIII. von Frankreich (Tafel XII) fand bereits die Verpflanzung des burgundischen Prinzen Heinrich nach Portugal statt, wo sich das alte Herrschergeschlecht aus einem Zweig des castilischen Königshauses entwickelt hatte. Dem ersten burgundischen Könige von Portugal Alfons I. folgten zahlreiche Nachkommen, bis im 16. Jahrhundert nach dem wunderbaren Verschwinden Sebastian's in der Schlacht bei Alkazar, das Anrecht der Braganza auf den portugiesischen Thron sich entwickelte. Die Anjou traten zuerst als Erben der Hohenstaufen in Neapel hervor. Der zweite König von Neapel erwarb durch seine Vermählung mit der arpadischen Königstochter Maria Ansprüche auf Ungarn, welche Karl Martell theilweise und Karl Robert vollständig verwirklichte. Aber das Leben dieser älteren Anjous dauerte nur bis in die IV. Generation. Auch die jüngeren Söhne Karls II. hatten keine dauernde Nachkommenschaft. Die Könige von Neapel waren mit Johanna I. einerseits und mit Johanna II. andererseits ausgestorben. Und wenn Neapel noch nicht definitiv sogleich den Franzosen verloren ging, so dankten sie dies den Sympathien der genannten Königinnen für ihre Vettern, den Nachkommen Johann des Guten, der seinem zweiten Sohn den Titel von Anjou übertrug.

Die portugiesisch-spanischen Beziehungen des 16. Jahrhunderts sind auf dieser Tafel gleich in der Anmerkung a vorweg genommen und ergänzen die Tafel XXI. Zunächst verfolgt der Gang unserer geschichtlichen Darstellung die Schicksale des französischen Hauses in den Uebergangszeiten vom sogenannten Mittelalter in die neuesten Jahrhunderte.

Tafel XVII.
Navarra, Orleans und Bourbon.

Seit Ludwig IX. dem Heiligen hat das französische Haus immer neue Angriffe auf Navarra in dynastisch-genealogischem Sinne gemacht. Nachdem die Grafen von der Champagne in die Erbschaft von Sanctius III. Sohn Garsias in Navarra getreten waren, verheirathete Ludwig IX. eine seiner Töchter mit Theobald II. Von grösserem Erfolg war aber gekrönt die Vermählung Philipps IV. mit der Erbtochter von Navarra, Johanna. Nun trat aber der rasche Verfall der Familie Philipps IV. ein, so dass in Navarra im Gegensatz zu dem französischen Königsgesetz, wiederum weibliche Erbfolge entscheidend wurde. Allein in dem königlichen Hause sorgte man dafür, dass Navarra demselben nicht gänzlich verloren gehe, so dass die Evreux auf den Thron von Navarra gelangten, durch Vermählung mit Ludwigs X. Tochter, Johanna. Inzwischen war die Krone von Frankreich auf die valesische Linie übergegangen. (Da die Nachkommenschaft Philipps III. auf Tafel XI. und XII. schon nachgewiesen worden ist, so schien es nicht nöthig, hier nochmals sämmtliche Zweige der Reihe nach anzuführen, doch vergesse man nicht, dass zwischen Philipp IV. und Ludwig von Evreux der Vater Philipps VI., Karl von Valois, eigentlich zu stehen kommt. Das Haus Valois wurde nur zur besseren Zusammenfassung auf der Tafel links eingesetzt, um die Reihenfolge der Navarresen und ihren Zusammenhang mit den Bourbons deutlicher zeigen zu können.)

In der jüngeren Linie der Orleans, den Nachkommen Karls V., begegnet man nun jener Reihe von geistreichen, aber raschlebigen Prinzen, welche mit dem durch den Burgunder ermordeten Ludwig von Orleans beginnt, und in zweiter und den folgenden Geschlechtsreihen sodann die grosse, französische Königsepoche inaugurirt.

Unter den letzten Söhnen Ludwig des Heiligen steht Graf Robert von Clermont an der Spitze des Hauses Bourbon, das alsdann berufen war, jenes Valesisch-Orleanische, mit den Söhnen Katharinas von Medici ausgestorbenen Hauses, zu beerben. Nachdem im 14. Jahrhundert demselben das Herzogthum Bourbon zugefallen war und die ältere Linie mit dem grossen Feldherrn Kaiser Karls V., dem Connetable von Bourbon, ausstarb, folgten sich in sehr regelmäfsiger Aufeinanderfolge die Geschlechtsreihen dieses Bourbonischen Hauses, bis auf den König Anton von Navarra. Dieser war es, der nun wieder die Erbschaft von Navarra zu Gunsten der französischen Familie aufnahm, nachdem durch eine seltsame Verkettung von Umständen, das zwischen den Franzosen und Spaniern strittige Königreich immer und immer wieder männlicher Erben ermangelte, und in Folge der weiblichen Successionsansprüche an die verschiedenen Herren fiel: Von den Evreux an Arragonien, von diesem an die Grafen Foix, von diesen wieder an das Haus d'Albret. Die geistreiche Johanna d'Albret war bekanntlich die Mutter Heinrichs IV. Die Geschichte Frankreichs unter den Bourbonen schliesst sich auf Tafel XXIII an. Zunächst blickt unsere Darstellung sich noch in den Uebergangszeiten vom sogenannten Mittelalter im Süden Europas des Weiteren um, und beschäftigt sich zunächst mit den italienischen Verhältnissen.

Tafel XVIII.
Savoyen, Visconti, Sforza und Este.

Das savoyische Haus, eines der ältesten und glänzendsten von Europa, spielt besonders auch im 13. Jahrhundert, eine grofse politische Rolle, deren Darstellung jedoch der Specialgeschichte der Burgundischen Lande überlassen bleiben muss. Vom 15. Jahrhundert ab greift erst das alte Grafengeschlecht in die allgemeinen europäischen Verhältnisse ein und ist es merkwürdig, dass derselbe Mann, den Kaiser Sigismund zum Herzog erhoben hat, auch in der Kirchengeschichte eine unvergessliche Stelle einnimmt. Abzweigungen des savoyischen Hauses wurden natürlich nur berührt. Nur der Ursprung des heute regierenden Zweiges von Carignan wobei des Prinzen Eugen in der Anmerkung des besonderen gedacht ist, ist genauer angegeben. Wichtiger ist der Zusammenhang von Savoyen mit Mailand im 15. Jahrhundert, insbesondere bei dem Aussterben der Visconti und dem Aufkommen der Sforza. Die letzteren beiden Häuser müssen für das 15. und 16. Jahrhundert genau in's Auge gefasst werden.

Die Visconti von Mailand sind für die ältere Zeit nur in einigen Hauptpersonen, wie dem grossen Matthäus, in's Auge gefasst. Es würde viel zu weit geführt haben, die italienische Städtegeschichte in's Einzelne zu verfolgen. Eine ganz andere Bedeutung erlangen die Visconti, seitdem König Wenzel das mailändische Herzogthum errichtet hatte, indessen starb der Mannesstamm mit Philipp Maria aus, und dessen natürliche Tochter half dem kühnen Kapitano die Herrschaft erlangen und befestigen, dessen Nachkommen so schicksalsvoll in die spanisch-französischen Verwickelungen eingriffen. Die Sforza hatten nur durch vier Generationen geherrscht und dauerten nicht mehr, als hundert Jahre. Die Ansprüche, welche die Sforza auf Mailand. vermöge der Verbindung mit den Viscontis hatten, bekämpfte Ludwig XII. auf Grund seiner Abstammung von Valentine Visconti, worüber die Anmerkung d Auskunft giebt.

Die Este's, die uns als nächste Verwandte der Welfen bekannt sind, durften schon aus kunsthistorischen und literarischen Gesichtspunkten im 15. und 16. Jahrhundert in den Tafeln nicht fehlen. Die weitere Reihe der Herzoge von Modena ist nur in den Hauptpersonen angedeutet worden, um den nachher wichtigen Zusammenhang mit dem österreichischen Haus, und damit den Aufbau der österreichischen Macht in Italien richtig begreifen zu können.

Tafel XIX und XX.
Medici, Rovere, Cibo, Farnese und die wichtigsten Pabstfamilien.

Selbstverständlich ist in der Darstellung dieser so interessanten Familien auf alle genealogischen Vergleichungen Verzicht geleistet, schon um den Raum nicht übermässig zu verschwenden. Es kommt für die allgemeine Geschichte, bei diesen Familien, immer nur auf einige, wenige grosse Persönlichkeiten an, deren Bedeutung durch den Druck kenntlich gemacht ist. Die Medici, die Rovere sind übrigens mit Rücksicht auf die wichtige Geschichte von Florenz und Urbino auch in Bezug auf ihre weltlichen Herrscher etwas genauer dargestellt worden. In Florenz ist die jüngere Linie zu der Würde von Grossherzogen emporgestiegen, und vererbte Florenz nach 200 Jahren an das Haus Lothringen. An die persönliche Bedeutung der älteren von Cosmus abstammenden Mediceer reicht die jüngere Linie nicht entfernt heran. Ganz abgesehen davon, dass jene dem römischen Stuhl zwei Päbste gegeben. Mit den Cibos hängen die Mediceer durch eine Tochter Lorenzo Magnificos zusammen, während die Rovere in ihrem letzten Mitglied sich mit den Mediceern im 17. Jahrhundert verbinden. Die Rovere, welche durch die beiden Päbste Sixtus IV. und Julius II. aus ihrer stillen Heimath in Savona zu einem weltberühmten Geschlecht emporgehoben worden sind, haben sich mit der Erbin von Urbino in der Zeit Julius II. verbunden.

Noch wichtiger für die politische Geschichte sind nun die Farnese, deren Zusammenhang mit den Habsburgern möglichst deutlich zur Anschauung zu bringen war. Von den sonstigen grossen Pabstfamilien des 16. und 17. Jahrhunderts sind nur diejenigen hervorgehoben, welche eine dauerndere, weltliche Herrschaft erlangt oder eine ungewöhnliche politische Bedeutung, wie etwa die Borgia besessen haben.

Bei der Reihenfolge musste die Chronologie den Raumverhältnissen der Tafel weichen.

Tafel XXI.
Spanisch-Habsburgisches Haus, Tudors und Stuarts.

Wir treten nun in die Darstellung der Hauptereignisse der neueren Geschichte, welche durch die spanischen und englischen Herrscher bestimmt werden. Von Kaiser Maximilian bis auf den Ausgang der männlichen Habsburger in Spanien verflossen 200 Jahre, in welchen das tu felix austria nube! — ganz besonders wichtig ist. Von den Töchtern Ferdinand's des Katholischen und der Isabella (Tafel XV) ist Johanna und Katharina so eingestellt, dass diese die Verbindung mit den Tudor's, jene die Ahnenschaft des habsburgischen Geschlechts zur Anschauung bringt. Demgemäss erscheint die ältere Katharina in ihrer Verbindung mit Heinrich VIII. in der Geschlechtsreihe fast um eine ganze Generation zu alt.

Die Stammeltern der sämmtlichen neueren Habsburger beider Linien haben in ihrer kurzdauernden Ehe bekanntlich sechs Kinder erzeugt, wovon hier nur zwei zunächst genauer beschrieben sind. Ferdinand und Maria sind auf der folgenden Tafel zu studiren. Isabella und Katharina, hier nicht angeführt, sind aber keineswegs ganz unwichtig, weil die Erstere mit Christian II. von Dänemark (vergl. Tafel XXXI) verheirathet war und eine Zeit lang auf Karls V. nördliche Politik Einfluss nahm; Katharina aber mit Johann III. von Portugal vermählt wurde, und in das System jener Veranstaltungen eingriff, welche unter Philipp II. die Vereinigung Portugals und Spaniens herbeiführten. Die Ehen, die für Spanien und Portugal wichtig sind, sind in der Anmerkung angeführt, in welcher auch die vier Frauen Philipps II. bezeichnet sind. Dann kam es darauf an, die Erbschaftsverhältnisse Spaniens durch dessen Beziehungen zu Oesterreich und Frankreich in den Geschlechtsreihen Philipps III. und Philipps IV. sowie Karls II. genau darzulegen.

Das Haus Tudor erlosch im Jahre 1603. Aber die Nachkommenschaft Heinrich's VII. in den beiden Töchtern Maria und Margarethe hat ihre besondere Rolle gespielt. Die Grossmutter von Johanna Gray, die in erster Ehe mit Ludwig XII. von Frankreich verheirathet war, war die jüngste Tochter Heinrich's VII. (Siehe Anmerkung e.) Durch die Grossmutter Maria Stuarts, Margarethe Tudor, die ältere Tochter Heinrichs VII. pflanzt sich das Geschlecht in Jacob VI. fort, bis auf unsere Tage. Dieser Fortgang ist durch das Pfälzische und Hannövrische Haus, in den Tafeln XXVI und XXVIII ersichtlich.

Die ältere Familiengeschichte der Stuarts, wie sie einerseits auf Robert Bruce zurückführt und andererseits die Douglas in sich aufnimmt, die Grafen von Lenox aber, als die eigentlichen Stammhalter erscheinen lässt, dies alles wurde selbstverständlich nur skizzenhaft angedeutet. Mit der Thronbesteigung Jacobs in England erlangt das Geschlecht seinen Höhepunkt, seine Beziehungen zu den Oraniern sind auf der Tafel selbst, durch die Hervorhebung Wilhelms III. als König von England gekennzeichnet.

Tafel XXII.
Bairisches, österreichisches und lothringisches Haus.

Dem österreichische Hause, welches mit Ferdinand I. dem jüngern Sohne Philipp's und Johanna's begründet worden ist, stehen unter allen deutschen Häusern die Herzöge von Baiern am nächsten. Eine fast erschreckende Menge von Wechselheirathen fand zwischen den Nachkommen Wilhelms IV. und Ferdinands I. statt, so dass man wohl sagen kann, ohne die Anmerkung c könnte sich Niemand, auch nur entfernt, ein richtiges Bild von diesen Verwandtschaften machen und mithin von den Ansprüchen, welche beide Häuser gegen einander erhoben haben. Dass die Tafel in Bezug auf die Herzöge von Baiern bis zum Aussterben dieser Linie im Jahre 1777 mit der Anführung der Hauptlinie sich begnügt, wird man um so begründeter finden, als die Nebenzweige politisch unbedeutend sind. Die wichtigste und am längsten regierende Persönlichkeit ist Maximilian I., durch den die Kurwürde erworben worden ist. Sein Sohn Ferdinand Maria war der Schwiegervater der Erbin von Spanien, durch welche das ältere habsburgische Erbe dem bairischen Hause zufallen sollte. Aber der zu früh verstorbene Erbe war der Stiefbruder des Kaisers Karl VII., der den österreichischen Successionskrieg, als Gemahl der Tochter Kaiser Josephs I. und Urenkel der Tochter Ferdinands I., herbeigeführt hat.

Die österreichische Dynastie erlangt durch den Besitz von Böhmen und Ungarn ihre Weltstellung; in der Anmerkung b sind daher die Ansprüche bezeichnet, welche sich aus der Vermählung Ferdinands I. mit der Tochter Wladislaus ergeben haben. Diese Ansprüche sind wunderbarlich auf die alten Dynastien der Anjous und wiederum der Luxemburger gestützt, da der Sohn Jagellos, Casimir, die Enkelin Kaiser Sigismund's und Tochter Albrechts II. heirathete. Der Anblick der Anmerkung b zeigt diese Verhältnisse in deutlicher Uebersicht.

Da von den Söhnen Ferdinands I. der Eine eine Missheirath schloss, so kommen nur zwei Linien in Betracht, von denen die steirische zugleich den kirchlich entschlossenen Charakter zeigt und die langlebigere ist; denn das blühende Geschlecht Maximilians II., der seine Cousine Marie geheirathet hatte, pflanzte sich nur in weiblicher Linie fort; fünf Söhne erzielten keine Nachkommenschaft.

Die in zwei Linien auseinandergehenden steirischen Nachkommen Karl's vereinigen sich wieder in der III. Geschlechtsreihe, die Söhne Leopolds I. aber stammen nicht aus dieser Verbindung, sondern, was hier ergänzt sei, von dessen dritter Gemahlin Eleonore von der Pfalz. In Ansehung der Gemahlin Karls VI., welche die Stammmutter des heutigen österreichischen Geschlechts geworden ist, sei hier auf das letzte Bild der XXXII. Tafel (Stammmütter) hingewiesen. Durch die Vermählung von deren Tochter wird das lothringische-habsburgische Haus begründet.

Den Ursprung der Lothringer genealogisch zu erörtern, kann

hier nicht die Aufgabe sein. Wir verfolgen den Stammbaum bis in die Zeit der Johanna von Spanien, wo zwei Linien von René, Herzog von Vaudemont, Lothringen und Bar, ausgehen. Die ältere lothringische Linie und die der Guisen, welches letztere Geschlecht uns in der vorhergehenden Tafel in Rücksicht der Verwandtschaft der Maria Stuart beschäftigte und das in der französischen Geschichte des 16. Jahrhunderts, eine so hervorragende Rolle spielte. Auf diese Guisen der französischen Reformationszeit ist auf der Tafel vorzugsweise Bedacht genommen. Von den Abkömmlingen des Herzogs Franz von Guise, ist die ältere Linie 1675 und mit ihr der ganze Stamm erloschen. Die jüngeren Mayennes waren schon erheblich früher 1621 mit dem letzten Herzog Heinrich ausgestorben. Die Hauptlinie der Lothringer pflanzt sich sehr regelmässig fort, übersiedelt nach Oesterreich und erlangt das Herzogthum Teschen. In derselben Geschlechtsreihe mit Maria Theresia erscheint Franz Stephan, der durch die Abtretung seines Stammlandes an Stanislaus Leszynski, beziehungsweise Frankreich, Grossherzog von Toscana wurde. Letzteres kam nachher an seinen Sohn Leopold. (Vergl. auch Tafel XIX die Medici.)

Tafel XXIII.
Alle Bourbonischen Linien.

Während das spanische Haus schon mit dem Ende des 16. Jahrhunderts den Höhepunkt seiner Macht überstiegen hatte, rangen sich die Bourbonen von dem Augenblick, wo sie den Thron bestiegen hatten, immer höher empor. Merkwürdigerweise erhob sich das männerarm gewordene Geschlecht, wie politisch, so auch in seiner Nachkommenschaft höchst erstaunlich. Diesmal war eine Mediceerin glücklicher, als ihre Verwandte fünfzig Jahre vorher. Obwohl Heinrich IV. und Maria nur zwei Söhne neben drei Töchtern hatten, und der jüngere seinerseits nur Töchter, so erzielte Ludwig XIII. doch zahlreiche Nachkommen in den Hauptlinien und in der Nebenlinie des Bruders Ludwigs XIV., Philipps von Orleans. Wir betrachten hier gleich zuerst den jüngsten, heute noch kräftig lebenden Zweig der Bourbonen, dessen Stammmutter Charlotte Elisabeth jene prächtige deutsche Frau war, die als Enkelin Friedrich's von der Pfalz des Winterkönigs, Familienglück und Unglück kannte. Alle Nachkommen derselben waren selten begabte Menschen, Originale auch im Charakter. Dass das Königthum, welches sich dieselben so sehnsüchtig durch lange Zeit gewünscht, ihnen endlich zu Theil wurde, aber auch um so rascher verloren ging, ist ein Schicksal, welches in den Tafeln der neuesten Geschichte sich ausprägen wird. (S. Tafel XXXII$_1$.)

Die Hauptlinie, d. h. die Nachkommen Ludwigs XIV., erringen und verlieren Throne und Länder in dem wunderbarsten Wechsel, welchen die Geschichte eines Stammes kennt. Die französische grosse Revolution und wiederum die Julirevolution bricht verhängnissvoll herein, aber in den jüngeren spanischen Linien schien sich das Ansehen der Familie auch nach dem Sturze Karls X. behaupten zu lassen. Nicht für sehr lange! Darüber vergl. Tafeln zur neuesten Geschichte XXXII$_2$.

Die Erwerbungen der grossen südlichen Länder Europas durch die Bourbons, ist durch das Aussterben der spanischen Habsburger ermöglicht worden. Der Enkel Ludwigs XIV. hat mit dem Abschluss des spanischen Successionskrieges auf die alten italienischen Besitzungen nicht ernstlich verzichten wollen. Eine Vereinigung in einer Hand war zwar durch den Utrechter Frieden für immer ausgeschlossen, aber Karl III. war Herr in Italien wie in Spanien und konnte Parma an die Nachkommen seines Bruders und Sicilien mit Neapel an seinen zweiten Sohn und dessen Nachkommen vererben. Die politischen und dynastischen weiteren Verwicklungen Südeuropas lernt man aus den Tafeln zur neuesten Geschichte kennen.

Tafel XXIV.
Schweden und Polen.

Für die neuere Geschichte ist ein genaueres Eingehen auf die Verhältnisse von Schweden und Polen unentbehrlich. Die nordische Union wurde durch das Aufkommen der Wasa's zerstört. Die letzten Unionskriege des Hauses Oldenburg schliessen mit der Absetzung Christians II. (vergl. Tafel XXXI), worauf das Haus Wasa seine glänzende Wirksamkeit beginnt, und gleich seine Blicke nach Polen hinüber richtet, wo Johann II. die Erbtochter der Jagellonen, Katharina heirathet und dadurch die Wasa's in der katholischen Linie nach Polen bringt, während die Nichte jenes Johanns II., Tochter Karls IX., Katharina, die Stammmutter der späteren Könige von Schweden durch ihre Vermählung mit dem Pfalzgrafen Johann Kasimir von Zweibrücken geworden ist (siehe Anmerkung); denn mit dem Helden von Lützen starben die schwedischen Wasa's im Mannesstamm aus. Durch die Königin Ulrike Eleonore erhielt das Haus Hessen-Kassel Aussichten auf Schweden, aber durch deren ältere Schwester Hedwig Sophie wurde das holstein-gottorpische Haus in die Erbschaft der Wasa's gewiesen, bis es den Schwierigkeiten der französischen Revolution unterlag.

Die beigefügte Uebersicht der polnischen Königswahlen des 17. und 18. Jahrhunderts beabsichtigt selbstverständlich gar nicht eine genealogische Vollständigkeit, sondern zeigt blos die Reihe der zur Regierung gekommenen Häuser und Persönlichkeiten.

Tafel XXV.
Hohenzollern in Brandenburg, Franken und Preussen.

Das hohenzollernsche Haus erfordert die eingehendste Kenntniss seiner politischen Beziehungen, doch schien es zur leichteren Uebersicht durchaus nothwendig, zunächst nur auf die territorialen Besitzverhältnisse im 15. und 16. Jahrhundert bis auf die Zeiten des grossen Kurfürsten, das Hauptaugenmerk zu richten. So sind denn die weiblichen Nachkommenschaften hier weniger in Rücksicht gezogen worden, nur die Vereinigung Preussens mit Brandenburg wurde in der Anmerkung sorgfältig nachgewiesen, und auch die Ansprüche hervorgehoben, welche auf Jülich, Berg und Cleve entstanden waren. So ist denn im Anfang des 17. Jahrhunderts eine neue Linienentwicklung und zugleich eine neue Theilung der sämmtlichen preussisch-brandenburgischen und fränkischen Besitzungen vor sich gegangen. So dass Bayreuth und Ansbach bis in die neueste Zeit dynastisch getrennt blieb und dann durch die Umwälzungen des Deutschen Reichs verloren ging.

Von den zahlreichen Nachkommen der meisten der Kurfürsten, insbesondere Johann Georg's und Joachim Friedrich's, giebt die Tafel nur ein unvollkommenes Bild. Unter den Töchtern Johann Sigismund's wäre vielleicht hier nachzutragen die Gemahlin Gustav Adolph's, Marie Leonore, welche wenigstens auf ihre Tochter Christine, als Königin von Schweden, aber auch auf ihre persönlichen, der katholischen Kirche zugewendeten Gesinnungen Einfluss genommen hatte.

Eine vollständige genealogische Tafel sollte der Lehrer der preussischen Geschichte als Wandtafel in grossem Format niemals beim Unterricht entbehren. Nur weiss ich leider keine solche Wandtafel zu nennen und bin unsicher, ob sie bei der gegenwärtig beliebten Methode des Geschichtsunterrichts wirklich benutzt werden würde.

Tafel XXVI.
Preussen und Hannover.

Die Zusammenstellung von Preussen und Hannover im 17. und 18. Jahrhundert empfiehlt sich von vornherein durch die entscheidenden Heirathen der Könige Friedrich I. und Friedrich Wilhelm I. Friedrich der Grosse ist sowohl von Seite seines Vaters, wie von Seite seiner Mutter Urenkel des Kurfürsten Ernst August von Hannover, denn die Gemahlin Friedrich Wilhelms I. war dessen Cousine. Durch die Mutter Friedrich des Grossen war dem grossen König bürgerliches Blut zugeführt worden. (S. Anmerkung b.)

Von der Nachkommenschaft des grossen Kurfürsten ist hier nur in der älteren Linie die Rede; die Fürsten von Schwedt sind nur im Allgemeinen erwähnt, und muss es auch hier wiederum der Specialgeschichte überlassen bleiben, vollständige Orientirung zu gewähren. Von den vierzehn Kindern Friedrich Wilhelms I. sei hier noch besonders aufmerksam gemacht auf die Markgräfin von Bayreuth, Friederike Wilhelmine, die ältere Schwester Friedrichs des Grossen und auf Philippine, Gemahlin des Herzogs Karl von Braunschweig-Wolfenbüttel. Dass Friedrich der Grosse und sein Bruder August Wilhelm, der letztere der Stammvater aller heutigen Linien des Hauses, Schwestern zu Gemahlinnen hatten, die Töchter Herzogs Ferdinand Albrechts II. von Braunschweig-Wolfenbüttel, wolle man aus dem letzten genealogischen Bild der Tafel XXXII das Nähere ersehen. In Betreff der Nachkommenschaft des Prinzen August Ferdinand sei hier noch besonders erwähnt, dass solche zwar vorhanden (Fürsten von Radziwil z. B.), aber die Ebenbürtigkeit nicht anerkannt ist. Was den bei Saalfeld gefallenen Prinzen Ludwig betrifft, so wird er häufiger unter dem Namen Prinz Ferdinand erwähnt. Sein voller Name ist Friedrich Christian Ludwig Ferdinand.

Friedrich Wilhelm II. hatte zwei Brüder und eine Schwester, welche mit Wilhelm V. von Oranien-Nassau verheirathet war. Die Mutter Friedrich Wilhelms III. aber war die zweite Gemahlin Friedrich Wilhelms II., Louise, Ludwigs IX. von Hessen-Darmstadt Tochter.

Die in völlig gleichen Lebenslinien einhergehenden Nachkommen des ersten Kurfürsten von Hannover, der zehn Jahre nach dem grossen Kurfürsten starb, sind ebenfalls nur in männlicher Hauptlinie dargestellt. Von den Kindern Georgs II. sind die Töchter nicht unwichtig. Von den beiden Söhnen aber nur der Prinz von Wales mit Nachkommen versehen, unter denen, ausser Georg III., nur der Herzog von Glocester als Schwiegersohn Sir Eduard Walpoles eine Rolle spielt.

Für die Gesammtgeschichte des Hauses Braunschweig schien sich bei der ungeheuren Ausdehnung und Verzweigung seines Stammbaums lediglich eine Uebersicht über die Hauptlinien und hiermit eine Uebersicht über die Ländertheilungen zu empfehlen, die seit Albrecht den Grossen stattgefunden haben. Diese Uebersicht findet man in der Anmerkung a zu dieser Tafel. Auch in den folgenden, die einzelnen wichtigsten Häuser Deutschlands umfassenden Darstellungen ist von nun an, denn um eine erschöpfende Genealogie konnte es sich hier am wenigsten handeln, nur der Gesichtspunkt der durch die Verzweigungen des Stammbaums entstandenen Ländertheilungen maassgebend gewesen. Demgemäss ist alles Genealogische auf das nothwendigste eingeschränkt.

Tafel XXVII.
Die sächsischen und hessischen Häuser.

Seit Kurfürstenthum und Herzogthum Sachsen den Wettinern zugefallen waren, hat sich nicht nur der politische Begriff des alten Sachsenlandes wesentlich verändert, sondern es giebt auch wenige andere Stammesgebiete, wo sich die territoriale Entwicklung in gleicher Weise so völlig an die dynastische Verzweigung des Stammbaums anschliesst. Was man sächsisch-thüringische und meissnische Länder seit dem 15. Jahrhundert nannte, beruht in seinen staatlichen Abgrenzungen in gar keiner Weise auf landschaftlichen oder örtlichen Unterschieden und Besonderheiten, sondern ausschliesslich auf den Theilungen des wettinischen Hauses. Was man hier zuweilen als politischen Particularismus bezeichnet hat, ist nichts als eine genealogische Erscheinung. Die wichtigste Theilung im Hause der Wettiner fand 1485 statt, die damals begründeten ernestinischen und albertinischen Häuser bildeten die Grundformen der politischen Entwicklung von Mitteldeutschland. Für das 16. Jahrhundert haben dann die Nachkommen Ernst's und Albert's eine gleich grosse persönliche Bedeutung und es ist wichtig, die Herrscher, die so tief in die allgemeine Geschichte eingriffen, mindestens bis in die Mitte des 17. Jahrhunderts, in völlig klarer Individualität sich vorzustellen. Von da an jedoch ist das geographische Bild der Herrschaft der einzelnen Linien wichtiger für die Geschichte, als die persönliche Darstellung. Von den Nachkommen Wilhelm's von Weimar und Ernst des Frommen, schien es daher nicht mehr nöthig, dem Studirenden eine persönliche Kenntniss der zahlreichen Fürsten des Hauses zuzumuthen.

Anders bei den Albertinern. Seit in der dritten Generation des getheilten Hauses die grosse Wendung vor sich ging, und die Kurwürde der jüngeren Linie zufiel, wuchs in Ansehen und politischer Bedeutung diese von Jahrhundert zu Jahrhundert. Die Nachkommen Johann Georgs III. sind durch die Erwerbung der polnischen Krone in die Reihe der polnischen Mächte eingetreten, und das kurfürstliche Sachsen besass weltgeschichtlich eine grössere Bedeutung, so gut wie einen grösseren Umfang, als das nachherige Königreich. Dennoch waren auch im albertinischen Sachsen im 17. und 18. Jahrhundert nach Johann Georg I., dem gewandten Diplomaten des 30jährigen

Krieges, Theilungen aus dynastischen Gründen nothwendig geworden, welche die Tafel andeutet. Die betreffenden genealogischen Verhältnisse bleiben aber auch hier im Einzelnen der Specialgeschichte vorbehalten. Die wichtigsten und eingreifendsten ehelichen Verbindungen der Ernestiner sind in den Anmerkungen a und b mitgetheilt. Hierbei will ich, um der Undeutlichkeit in der Anmerkung a abzuhelfen, hinzufügen, dass die Wittwe des Herzogs Moriz von Sachsen, Agnes, nach ihrer Verheirathung mit Johann Friedrich dem Mittleren, schon im Jahre 1555 starb und also alle Nachkommen Johann Friedrich's von seiner zweiten, hier verzeichneten Gattin stammen.

In Betreff des hessischen Hauses gelten dieselben Ueberlegungen, wie sie in Bezug auf die sächsischen Häuser gemacht worden sind. Wichtig und eingreifend sind die Persönlichkeiten des Reformationszeitalters, man kann sagen, bis in die Zeiten des 30jährigen Krieges. Hier ist, den auf der Tafel gegebenen Stammbaum ergänzend, auch die staatsmännische Frau hervorzuheben, Amalia, des Grafen Ludwig II. von Hanau-Münzenberg Tochter, die als Wittwe ihres 1637 gestorbenen Gatten, die vormundschaftliche Regierung für ihren Sohn Wilhelm VI. bis zum Jahre 1650 geführt hat.

Der Stammvater der noch regierenden Grossherzoge von Hessen ist der jüngste Sohn Philipp's des Grossmüthigen gewesen, Georg, dessen erste Gemahlin Magdalene, Gräfin von der Lippe, die Mutter seiner sämmtlichen Nachkommenschaft gewesen ist.

Auf die vielbesprochene Doppelehe Philipp's des Grossmüthigen ist in der Anmerkung c Rücksicht genommen.

Tafel XXVIII.
Pfälzisches Haus in allen Linien.

Das pfälzische Haus zerfällt von dem König Rupert an in eine Reihe von rasch sich entwickelnden Linien, welche untereinander in engem Zusammenhange bleiben, so dass sich die Erbschaften des einen Hauses immer ungezwungen auf das andere überführen lassen. Die alte Kurlinie hat im 15. und 16. Jahrhundert eine Reihe glänzender Persönlichkeiten hervorgebracht und schloss mit einem der kunstsinnigsten Erbauer des Heidelberger Schlosses. Das Gebiet von Simmern war schon unter dem Sohn Rupert's abgezweigt worden. Während Zweibrücken und Veldenz, zuerst vereint, dann getrennt, seit der Mitte des 15. Jahrhunderts von Zweibrücken aus abgezweigt sind. Nachdem auf die Simmernsche Linie die Kurwürde übergegangen war 1559, sehen wir die Pfalz in den Zeiten der protestantischen Union immer mächtiger politisch hervortreten, um den Sturz des

Hauses unter Friedrich V. zu erleben. Seine und der Elisabeth von England Kinder sind durch merkwürdige Schicksale, so zahlreich sie gewesen sind, in ihrer männlichen Nachkommenschaft regierungsunfähig geworden; nur die Töchter sind Stammmütter von hervorragender Bedeutung. Einerseits die schon früher erwähnte Charlotte (vergl. Anmerkung b), andererseits die jüngste Tochter Friedrichs V. Sophie, kurz vor seinem Tode geboren, die Erbin und Stammmutter des englischen Hauses. Andere hier nicht erwähnte Kinder des Winterkönigs sind katholisch geworden. Eine Tochter war die Gemahlin des Fürsten Rakotzy von Siebenbürgen, doch vorlor sich der Zusammenhang dieser Nachkommen vollständig, nachdem bei dem raschen Erlöschen der ebenbürtigen Nachkommenschaft die Kurwürde dem Haus Neuburg zufiel, welches aus der zweibrückener Linie hervorgegangen ist. Die letztere war seit Wolfgang in drei Theile zerfallen: Neuburg, Zweibrück und Birkenfeld, worauf alsbald die Neuburger sich wiederum theilten, und zwar hatte die jüngere Linie der Pfalzgrafen von Sulzbach ein längeres Leben als die ältere zur Kurwürde, wie oben gesagt, berufene, aber rasch erloschene Linie.

Die Sulzbacher erlebten das Aussterben ihrer alten Verwandten und Rivalen in Baiern. Karl Theodor beerbte (vergl. Tafel XXII) den letzten Kurfürsten von Baiern, Maximilian Joseph. Er hatte ein seltenes Glück in der Vereinigung beider Kurfürstenthümer von Pfalz und von Baiern, so sehr ihn auch die österreichische Politik zu bedrängen suchte. Aber seine zweimalige Ehe blieb kinderlos. Er war der letzte der sulzbacher Pfalzgrafen; und so fiel, da Zweibrücken längst erloschen war, die ganze, grosse bairisch-pfälzische Erbschaft auf die Vettern von Birkenfeld, die sich seit zweihundert Jahre recht ärmlich durchgeschlagen hatten und in immer drückendere und abhängigere Verhältnisse gerathen waren, jetzt aber berufen wurden, Kurfürsten von doppelter Art und Könige zu werden. Kein Wunder, dass sich der rasch Emporgestiegenen eine Art von Grossmachtsbewusstsein bemächtigte.

Tafel XXIX.
Würtemberg und Baden.

Die vorliegende Tafel ist genealogisch nicht ausgeführt. Es sind daher auch die Generationsreihen gar nicht in Betracht gezogen, sondern nur die Beziehungen der Häuser im Allgemeinen skizzirt. Hierbei durfte indessen der Geschichte Würtembergs im 16. Jahrhundert eine grössere Aufmerksamkeit zugewendet werden, da die persönlichen

Verhältnisse des seit 1495 zum Herzogthum erhobenen Gebietes für die Reformation so wichtig sind. Im Uebrigen sind sowohl in Bezug auf Würtemberg, wie in Bezug auf Baden, nur die Hauptlinien in Betracht gezogen worden, indem die weitläufige Genealogie, einem specielleren Studium vorbehalten bleiben musste. Ueber die, seit den Rheinbundszeiten entstandenen Verhältnisse beider souverän gewordenen Staaten ist die Tafel zur neuester Geschichte ausführlicher.

Tafel XXX.
Nassau-Weilburg und Nassau-Oranien, Mecklenburg.

Im Anschluss an die Tafel IX ist das nassauische Haus in beiden Hauptlinien, der Walramischen und Ottonischen, seit dem 16. Jahrhundert eingehender verfolgt. Die ottonische Linie ist weitaus die wichtigere geworden, durch die Erbschaft von Oranien und durch die geschichtlichen Verhältnisse der Niederlande. Die Dillenburger Linie war durch die Persönlichkeit Wilhelm des Schweigsamen ausgezeichnet, vereinigte Breda und Oranien und erhielt sich in den Nachkommen Wilhelm's des Schweigsamen, bis auf König Wilhelm III. von England. Der Uebergang auf die Dietzer Linie (Anmerkung) wird durch die Tochter Heinrich Friedrich's, des jüngsten Sohnes Wilhelm's des Schweigsamen, Albertine Agnes, die mit Wilhelm Friedrich von Nassau-Dietz verheirathet wurde, herbeigeführt.

Das mecklenburgische alte Fürstenhaus zeigt im 15. und 16. Jahrhundert einen genauen Parallelismus der Lebenslinien mit den Oraniern. Das Haus theilt sich erst im Anfang des 17. Jahrhunderts, Güstrow erlischt, während nach Adolph Friedrich I. die noch heute bestehende Eintheilung Mecklenburgs sich gestaltet.

NB. Die auf der Tafel am Schluss gegebene Verweisung auf die neueste Geschichte bezieht sich auf die Grossherzöge Friedrich Franz I. und Karl II.

Tafel XXXI.
Das oldenburgische Haus in allen Zweigen.

Die alten Grafen von Oldenburg haben erst seit dem 15. Jahrhundert eine allgemeinere geschichtliche Bedeutung gewonnen, seit dem sie die Grafschaft Delmenhorst einerseits, und die Erbschaft Adolphs VIII., des letzten Herzogs von Schleswig-Holstein aus dem Hause Schaumburg, andererseits erlangt hatten. Der Sohn der Hedwig, Erbin von Schleswig-Holstein, war Christian I. (Auf der Tafel ist durch ein

Druckversehen der Name Christian l i n k s statt r e c h t s von Theodorich Fortunat gesetzt.)

Nachdem Christian I. König der nordischen Staaten geworden war, blieben die letzteren Königreiche seiner ältesten Linie, welche jedoch mit Christian II. im Mannesstamm ausstarb. Der Enkel Christian II. war mit der Schwester Karls V. verheirathet und verlor alle seine Throne. Von seinen Töchtern heirathete die eine Friedrich II. von der Pfalz, die andere Franz Sforza von Mailand. Dänemark fiel an den zweiten Sohn Christian I. den Herzog von Schleswig-Holstein Friedrich. Von diesem ging die Nachkommenschaft aus, welche auf der Tafel in Betracht gezogen ist. Ein vollständiger Stammbaum der Oldenburger gehört zu dem Verwickeltsten, was die Genealogie bietet. um jedoch einige Orientirung zu verschaffen, ist in der Anmerkung eine Uebersicht sämmtlicher Linien des Hauses gegeben. Kein anderes deutsches Haus war inzwischen so mächtig emporgewachsen. Die älteste, von Christian III. ausgehende Linie, erhielt sich in Besitz der dänischen Krone in ununterbrochener Reihenfolge von XI Generationen nach dem erwähnten Stammvater Friedrich.

Die Gottorfer Linie, deren Stammvater der Bruder Christians III. Adolph war, kam nach zweihundert Jahren in den Besitz des Zarenreichs, durch Peter des Grossen Tochter Anna Petrowna. Zu derselben Zeit zweigte sich Oldenburg als Stammland ab. Von den königlichen Linien verzweigte sich die Nachkommenschaft des Bruders Friedrichs III. von Dänemark in ausserordentlicher Weise, denn schon unter den Enkeln dieses Johannes zählt man vier völlig getrennte Linien, von denen unsere Tafel doch nur die Persönlichkeiten zweier Zweige aufweist: die directe Abstammung des Augustenburg'schen und des Glücksburg'schen Hauses. Selbstverständlich sind auch in diesen Linien nur die jedesmaligen regierenden Herren bezeichnet. Unter den Holstein-Sonderburg-Glücksburg trifft man erst im 19. Jahrhundert eigentlich in die Weltbegebenheiten eingreifende Persönlichkeiten. Die älteren Sonderburger Linien sind dagegen bis auf die Augustenburg'sche ausgestorben. Diese stand in älteren Zeiten in mannigfaltigen Beziehungen zu der königlich dänischen Linie, bis es zu den Gegensätzen der neuesten Zeit kam. Die genealogischen Verwicklungen des Glücksburgischen Hauses sind, da sie erst politisch in der neuesten Zeit von Wichtigkeit werden, auch erst auf den Tafeln zur neuesten Geschichte näher beschrieben.

Tafel XXXII.
Zur neuesten Geschichte.

Der Gesichtspunkt, unter welchem die genealogischen Skizzen zur neuesten Geschichte verfasst sind, ist in noch viel bestimmterer Weise, als dies bei den älteren Perioden der Fall war, ein rein politischer. Man stellt sich vor, dass der Leser neuester Geschichtswerke, die wohl höchst selten oder gar niemals den genealogischen Apparat beizugeben pflegen, in den Verwicklungen der mit den Familienverhältnissen eng verbundenen Staaten die persönlichen Beziehungen festzuhalten wünscht. Wenn er das nicht thut, wird ihm von der ganzen neuesten Geschichte nicht viel im Gedächtniss bleiben. Andererseits wollen aber die genealogischen Mittheilungen nicht etwa den gothaischen Hofkalender ersetzen.

In Bezug auf die Darstellung dieser XXXII. Tafel ist einiges voraus zu schicken. Die Generationen hier in parallelen Lebenslinien vor Augen zu stellen, konnte keinen Zweck haben. Es handelt sich überall nur um drei, höchstens vier Geschlechtsreihen, innerhalb derer es mehr auf die agnatischen und cognatischen als auf die Descendenzverhältnisse ankam. Das Princip, nach welchem Uebersicht zu geben war, musste auf hervorstechende Darstellung der Ehen gerichtet sein. Um hierbei möglichst Raum zu sparen, wurde die Form gewählt, die betreffenden Ehehälften schräge unter die Hauptlinien zu schreiben. Hierbei ist zu beachten, dass die Meisten der in Betracht kommenden Persönlichkeiten unter der betreffenden Dynastie noch einmal vorzukommen pflegen, und alsdann in gerader Linie aufgeführt, mit Geburts- und Sterbedatum versehen sind. Will man daher letzteres nachschlagen, so muss man sich selbstverständlich an den betreffenden Hauptabschnitt der Tafel wenden.

Eine Frage konnte sein, wie weit man in der Mittheilung der Nachkommenschaft jedes einzelnen Hauses in die Gegenwart herabsteigen soll. Da galt es eine bestimmte Maxime zu verwirklichen und nicht etwa eine Concurrenz des gothaischen Kalenders zu versuchen. Es sind daher nur solche Persönlichkeiten in der Gegenwart angeführt, welche schon irgend eine politische Existenz haben erkennen lassen, und im Uebrigen sind als Grenze der politischen Geschichts-Darstellung etwa die Jahre 1875 bis 80 in's Auge gefasst.

―――

Die neueste Geschichtstafel mit den genealogischen Verhältnissen von Frankreich zu beginnen, hat seinen sachlichen Grund darin, dass die sämmtlichen europäischen Verhältnisse durch die grosse französische

Revolution und ihre Folgen völlig beherrscht worden sind. Das Schicksal der Bourbons, seit den unglücklichen Söhnen des Dauphin Ludwig, der beinahe 10 Jahre vor seinem Vater Ludwig XV. gestorben war, ist für die gesammte Entwicklung der abendländischen Staaten, England selbst nicht ausgenommen, immer vorbedeutungsvoll gewesen. Und wieder waren es die Orleans, an deren Wirken der Liberalismus von ganz Europa zu hängen schien, von den Napoleons und ihrem gewaltigen Eingreifen gar nicht zu sprechen. Die Bourbonen in Spanien und Sicilien folgen bis in's Kleinste den französischen Einflüssen in ihren verschiedenen Schicksalen und so gehört der Hauptgesichtspunkt, unter welchem die neueste Geschichtsperiode fällt, allerdings den drei genannten grossen Familien an.

Von Ludwig XVI. und seinen Kindern war hier nur mit Rücksicht auf die Thronfolge, an welcher die Legitimisten streng festgehalten haben, zu sprechen. Nachdem Ludwig XVII. ein Opfer der Revolution geworden war (wir nehmen selbstverständlich 1795 als sein wirkliches Todesjahr an) und dessen Schwester die Gemahlin des Herzogs von Angoulême kinderlos blieben, würde die Erbfolge dem zweiten Sohn Karls X. zugefallen sein, wäre er nicht schon 1820 ermordet worden. Die unternehmende Gemahlin des Herzogs von Berry und Mutter des legitimen Königs Heinrichs V., Grafen von Chambord, durfte nicht unerwähnt bleiben, und die späteren Schicksale derselben sind durch ihre zweite Ehe, deren Beginn jedoch nicht sicher zu stellen ist, angedeutet. (Die Jahreszahl 1832 will hier nur als ungefährer Zeitpunkt betrachtet sein.) Inzwischen war Louis Philipp auf den Thron von Frankreich erhoben, dessen Gemahlin die Tante der unglücklichen und verfolgten Herzogin von Berry gewesen ist. Von den Kindern ihrer langjährigen Ehe wird selbst in gedrungener Darstellung der neuesten Geschichte kaum eines zu entbehren sein, nicht allein vermöge ihrer Heirathen, sondern auch vermöge ihrer persönlichen Geltung, wegen ihrer militärischen und politischen Thätigkeit, welche letztere auch den Damen dieser Familie bis in die jüngsten Tage in gleich hervorragender Weise eigenthümlich geblieben ist. Von den Enkeln Louis Philipp's bedurfte es, für die Geschichte der neuesten Zeit, nur der Anführung des Grafen von Paris, obwohl der Leser der Februarrevolution finden wird, dass auch dessen Bruder Robert Philipp der Herzog von Chartres, damals achtjährig, das traurige Ende des Bürgerkönigthums in persönlicher Lebensgefahr miterfahren hat. Aber die nun lebende Generation der Enkel Louis Philipp's hat eben doch nur eine genealogische Bedeutung, politisch tritt höchstens der Chef der Familie und dessen Nachfolger, welche deshalb angeführt werden mussten, noch hie und da hervor.

Nach den gleichen Grundsätzen verfuhr man bei der Aufstellung der Familienbeziehungen der spanischen und sicilischen Bourbonen, wobei Parma mit Rücksicht auf das in Tafel XXIII Gesagte übergangen werden konnte. Für Spanien kam es hier natürlich darauf an, die Erbfolgefrage und den daraus entstandenen Bürgerkrieg des 19. Jahrhunderts in erster Linie dem Leser klar zu machen. Zu diesem Zweck ist im Auge zu behalten, dass bei der spanischen Linie der Bourbonen unter den Nachkommen Karls III. die weibliche Erbfolge wie stets in Spanien in Betracht kam. Von den Söhnen Karls IV. war die Erwartung nicht gehegt worden, dass der König Ferdinand VII. überhaupt Nachkommenschaft haben werde. Da trat dieser in seine vierte Ehe mit Maria Christine, der Tochter des Königs Franz I. beider Sicilien. Zwei Töchter kommen kurz vor Ferdinands VII. Tode zur Welt und die Nachfolge, beziehungsweise Verheirathung derselben beschäftigt die gesammte europäische Diplomatie, insbesondere Louis Philipp, dessen Gemahlin die Tante Maria Christine's der Mutter und Regentin von Spanien gewesen ist. Durch die Vermählung Isabella's mit Franz Assisi schien der Streit der Parteien in Spanien gelöst, aber Don Carlos, der Bruder Ferdinands VII., und seine Nachkommenschaft verzichteten nicht darauf, den Thron in Anspruch zu nehmen. Dass der Sohn Isabella's, Alfons XII., sich mit der österreichischen Prinzessin Maria Christine verheirathete, mag hier noch nachgetragen werden, obwohl die diesbezüglichen Ereignisse hinter dem Zeitraum liegen, der bei den Tafeln als Abschluss der Darstellung gilt.

Der sicilische Zweig der Bourbons stammt von dem zweiten Sohne Karls III. Ferdinand und dessen Gemahlin Karoline, Tochter Kaiser Franz' I. und der Maria Theresia. (Auf der Tafel könnte leicht der Ausdruck Kaiser Franz von Oesterreich missverstanden werden, und es ist daher zu corrigiren Franz und Maria Theresia.)

Seit der französischen Revolution und der wiederholten Vertreibung des Königs aus Neapel wurde zwar von den Grossmächten alles gethan, um die Dynastie in dem 1815 begründeten Königreich beider Sicilien zu erhalten, aber die wiederholten Revolutionen führten 1861 zur gänzlichen Depossedirung des Königshauses.

Napoleons. Den Stammbaum der napoleonischen Familie muss man sehr deutlich vor Augen haben, wenn man die Geschichte der grossen Revolutionszeit richtig erfassen will. Die vielen Geschwister Napoleons I., männliche und weibliche, spielen ihre politische Rolle. Dabei musste doch auf der Tafel vermieden werden, eine Ueberladung mit Namen herbeizuführen. Die Nachkommenschaft ist daher nur in der männlichen Descendenz verzeichnet, und auch diese nur in Rücksicht der politisch wirksamen Persönlichkeiten. Sehr wichtig sind die Familienbande Napoleons I. und der Beauharnais, weshalb Napoleon I. in seinen ehelichen Verhältnissen besonders dargestellt worden ist.

Hannover und England. Von den zahlreichen Kindern Georgs III. ausgehend, ist in Bezug auf das hannöversche Haus und die Geschichte des grossbritannischen Reichs die merkwürdige Erscheinung im Auge zu behalten, dass nur zwei Linien in männlicher Nachkommenschaft fortleben, und zwar sind es die jüngeren Söhne Georgs III., Cumberland und Cambridge, welche hierbei in Betracht kommen. Georg IV. hat, vermöge seiner frühzeitigen Trennung von seiner Gemahlin Karoline Prinzessin von Braunschweig, Tochter des Herzogs Karl, nur eine Tochter gezeugt, die nach kurzer Verheirathung bei der Geburt eines ersten Kindes sammt demselben starb. So war die späte Ehe des Herzogs Eduard von Kent mit Franz des Herzogs von Coburg Tochter Victoria, verwittwete Fürstin Leiningen entscheidend für die Nachfolge und für das Aufkommen des Hauses Coburg, da aus der Ehe des Herzogs von Kent nur eine Tochter stammte, welche die nächste Thronberechtigte war und ihren Vetter Albert von Coburg heirathete.

Die zahlreiche Nachkommenschaft der Königin Victoria hat nur in einigen bedeutenden Mitgliedern der Familie eine politische Wichtigkeit erlangt. Es konnte daher unterlassen werden, hier all zu ausführlich zu sein. Ebenso ist bei Hannover nur auf die Hauptpersonen Rücksicht genommen worden.

Belgien. Die kleine Stammtafel bildet so zu sagen eine Ergänzung zu der englischen und orleanischen Skizze, denn der erste König des durch die Revolution von 1830 begründeten Staates war der Gemahl der verstorbenen Prinzessin von Wales. Diese englischen Beziehungen waren es auch, die seine Candidatur als König von Griechenland und dann seine Wahl zum König von Belgien begünstigten. Der kluge Gedanke, die Ambitionen Frankreichs in dem neuen Staate dadurch zu beschwichtigen, dass Leopold I. die älteste Tochter Louis Philipp's heirathete, hatte den besten Erfolg. Dieser Ehe entstammten die beiden noch lebenden Söhne und die nicht an dieser Stelle erwähnte Kaiserin Charlotte von Mexiko, Gemahlin des Erzherzogs Max von Oesterreich. Die erwähnte jetzige Königin von Belgien ist eine Tochter des Erzherzogs Joseph von Oesterreich und in Bezug auf ihre Kinder wolle man den Druckfehler 4 statt 3 berichtigen. Dass die Thronfolge auf die jüngere Linie übergehen werde, ist ersichtlich gemacht.

Dänemark und Griechenland. Die dänische Erbfolgefrage führte in der Geschichte des 19. Jahrhunderts eine Reihe von Begebenheiten herbei, die zu den wichtigsten und folgenreichsten gehörten. Die Uebersicht, welche von dem jetzt regierenden Haus gegeben ist, wurde nicht unter dem Gesichtspunkt der Erbfolgefrage entworfen, weil dazu die XXXI. Tafel für ausreichend erscheinen durfte, und es für die Kenntniss der politischen Verhältnisse des mächtig gewordenen Glücksburger Hauses die neugeknüpften Bande mit den anderen grossen Familien deutlich zu machen. Ebenso musste auf die Begründung des Londoner Protokolls vom Jahre 1852 Rücksicht genommen werden, nach welchem die Abstammung der Glücksburger mütterlicherseits das entscheidende sein sollte.

Darnach wird man leicht in Vergleichung der XXXI. Tafel die Erbfolgefrage sich klar machen können, da man nicht sowohl die oldenburgischen Abzweigungen für die dänische Erbfolge als entscheidend ansah, als vielmehr das, auf das dänische Königsgesetz zurückgehende Anrecht der Prinzessin Louise von Hessen-Cassel. Für Holstein konnte dann freilich nur die Reihenfolge der männlichen Linien in Betracht kommen.

Die Erwerbung Griechenlands durch den zweiten Sohn Christians IX. wurde über das Hauptereigniss hinaus in der Geschichte nicht weiter in Betracht gezogen.

Portugal und Brasilien. Gleiche Gesichtspunkte, wie für Spanien, kommen auch für Portugal und Brasilien in Betracht, wo ebenfalls die Erbfolgefrage im 19. Jahrhundert eingreifend hervortritt, nachdem Johann VI. für seine geisteskranke Mutter die Regierung 1792 übernahm, und derselben 1816 als König folgte. Er hatte sich aber durch seine 1807 erfolgte Uebersiedlung nach Brasilien dortselbst zum König erhoben. Durch seinen Tod im Jahre 1826 und durch die Resignation seines Sohnes Pedros I., welcher 1822 konstitutioneller Kaiser von Brasilien wurde, verwickelte sich die Erbfolgefrage, indem Pedro seine Länder theilte, seinem Sohn Pedro II. Brasilien als Kaiser überliess und seine älteste Tochter Maria da Gloria zur Königin in Portugal, unter Regentschaft einsetzte. Nun trat aber der jüngere Sohn, Johanns VI. Dom Miguel, der Oheim Maria da Gloria's, mit der Regentschaft nicht zufrieden, als Prätendent auf. Die constitutionelle Richtung der Königin fand ihre Stärkung durch England und durch die Verwandtschaft des der Königin Maria zum Gemahl erkorenen Vetters der Königin von England, Ferdinand von Coburg, dessen Familienverhältnisse leicht aus der früheren Uebersicht des englischen Hauses zu ersehen sind. Auf die Kinder der Maria ist nur theilweise Rücksicht genommen. Ihre Nachfolger waren Pedro V. und Ludwig Philipp, der mit einer Tochter König Victor Emanuel's vermählt ist.

Schweden. Mit Rücksicht auf die Tafel XXIV handelt es sich hier nur um die leichtverständliche Nachfolge des Hauses Bernadotte. Nachgetragen mag hier noch werden, dass Karls XV. einzige Tochter

Louise die Gemahlin des Kronprinzen von Dänemark ist und die jetzige Königin von Schweden Sophie, eine Tochter des Herzogs Wilhelm von Nassau.

Sardinien und Italien. In Sardinien trat der wichtige und einflussreiche Dynastiewechsel im Jahre 1831 ein, auf welchen in Tafel XVIII durch Hinweis auf die Verwandtschaft der Carignan's schon vorbereitet wurde. Die letzten Nachkommen der ältesten Linie des Hauses Savoyen starben mit den Söhnen Victor Amadeus' III. aus, nur Victor Emanuel I. hatte vier Töchter, die anderen beiden Söhne waren kinderlos. Von den Töchtern wären drei allerdings als politisch nicht unwichtig in Betracht zu ziehen; merkwürdiger Weise haben sie aber keine genealogische Bedeutung. Die eine war die Gemahlin Ludwigs XVIII., die andere die Karls X., mit dessen Enkel schon das Haus erlosch. Eine dritte, die Gemahlin König Anton's von Sachsen, war kinderlos.

Die carignanische Linie trat mit dem Sohn Karl Emanuel Ferdinand's auf die Arena. Karl Albert lehnte sich noch, wie das Haus Carignan überhaupt, gern an Oesterreich. Seine Gemahlin war ja eine Prinzessin von Toscana, Ferdinands III. Tochter, und seinen Sohn Victor Emanuel verheirathete er mit der Tochter des Erzherzogs Rainer. Dennoch führten die Verhältnisse zu jenem grossen Bruch, welcher den Einfluss Oesterreichs in Italien beseitigte und das Königreich Victor Emanuel's und Humbert's schuf.

Russland. Die innere Geschichte Russlands im 19. Jahrhundert ist etwas von den äusseren Verhältnissen des Kolosses auf den thönernen Füssen, wie man zu sagen pflegte, sehr verschiedenes. In Europa war die politische Macht Russlands bis auf die neueste Zeit, wo sich ja nationale Elemente auch russischerseits bemerkbar machen, ausschliesslich durch die Dynastie getragen und empfunden worden. Es ist selten in der Geschichte eine so persönliche Einflussnahme dynastischer Verhältnisse hervorgetreten, wie dies bei Russland von den Zeiten der Katharina an gewesen ist. Die Herrscher, welche Katharina folgten, Sohn und Enkel waren diesem System persönlicher Beziehungen mit besonderer Vorliebe zugethan. Wenn man vom Orient absah, wo die religiösen Verhältnisse die Hauptrolle spielten, so konnte man sagen, Russland ist ein dynastischer Begriff und demgemäss kann keine Geschichte von dem Tode der Katharina II. (in Bezug auf welche hier das in den Tafeln fehlende Todesjahr 1796 nachgetragen werden muss) weniger ohne den Stammbaum verstanden werden, als die russische. Dennoch ist der letztere in mässigeren Grenzen dargelegt. Die Töchter Pauls I. sind zwar, bis auf eine, die frühverstorbene Gemahlin des Erzherzogs Joseph von Oesterreich, alle angeführt, aber für die nächste

Generation Alexanders II. genügten die Hauptpersonen. Durch die Erwähnung der Familie Wilhelms III. auf der einen Seite, und der auf Mecklenburg-Schwerin bezüglichen Verwandtschaft auf der andern Seite sind die Umrisse der Geschichte Nicolaus' I. gezeichnet. Die Heirath Alexanders II. mit der Tochter Ludwigs II. von Hessen schliesst die Zeit ab, innerhalb welcher sich die Tafeln zu beschränken pflegen. Auf die Brüder Alexanders II. und deren zahlreiche Nachkommenschaft ist hier keine weitere Rücksicht zu nehmen gewesen. Um sich darüber zu orientiren, bleibt der gothaische Kalender nachzuschlagen.

Oesterreich. Dieselben zeitlichen Grenzen, wie bei Russland, sind bei Oesterreich festgehalten, wo der augenblickliche Familienbestand ebenfalls ein vielverzweigter ist, der jedoch nur in den wenigsten Mitgliedern eine grössere politische Bedeutung hat.

Die älteren Generationen seit Maria Theresia sind durch eine Fülle von Nachkommenschaft ausgezeichnet, von welcher in Bezug auf die Kinder Franz' I. und Maria Theresia's nur diejenigen erwähnt sind, die immer wieder in der Geschichte genannt werden. Zu erinnern wäre hierbei vielleicht noch, an jene Tochter Caroline, deren schon früher bei Sicilien gedacht worden ist. Für die weitere Hausgeschichte kam staatsrechtlich der Begriff der secundo und tertio Genitur in Bezug auf Toscana und Modena in Betracht. Da aber Joseph II. kinderlos war, so hingen an der zahlreichen Nachkommenschaft Leopolds II. die primo Genitur und secundo Genitur und die darauf beruhenden Besitzverhältnisse. Die Tafel führt sechs Söhne Leopolds II. an. Die erste und zweite Linie ist wenigstens in den wichtigsten Persönlichkeiten ausgeführt. Die dritte bis sechste Linie bedaure ich, da der Platz dazu auf der Tafel noch gefunden werden konnte, nicht etwas genauer angeführt zu haben, da einige seit dem Jahre 1848 eingreifende Persönlichkeiten hier allerdings noch anzuführen wären. Erstens der Sohn des Erzherzogs Karl und dessen Gemahlin Henriette von Nassau-Weilburg, Erzherzog Albrecht, geb. 1817. Zweitens der Sohn des Palatins von Ungarn, Erzherzog Stefan von der zweiten Gemahlin Hermine von Schaumburg, geb. 1817, † 1867, und der gleichnamige Sohn des Erzherzogs Rainer und der Maria Elisabeth von Savoyen-Carignan. Die wichtige Ehe des Erzherzogs Franz Karl mit der Tochter des Königs Maximilian's von Baiern, Sophie, wird durch die bairische Skizze klargestellt. In Bezug auf die Nachkommenschaft dieser beiden ist mit Uebergehung der Zwischenereignisse der augenblickliche Stand der Dinge in's Auge gefasst. Dass der unglückliche Kaiser Max mit der Tochter des Königs Leopold verheirathet war, ist oben gesagt worden.

Baiern. Die Geschichte des bairischen Hauses im 19. Jahrhundert entwickelt sich unmittelbar aus der auf der XXVIII. Tafel beschriebenen Vereinigung aller wittelsbachischen Linien, durch das Haus Zweibrücken-Birkenfeld, in der Person Maximilians I. Die glückliche Wendung der politischen Verhältnisse zu Gunsten Baierns war bei dem allgemeinen Verfall der Reichszustände etwas sehr eigenthümliches. Das Königthum von 1805 und der erweiterte Besitz beim Sturz des Rheinbunds und des französischen Protektorats bestimmten die Stellung des neuen Hauses für alle Zeiten.

Die aus zwei Ehen des Königs hervorgegangene Nachkommenschaft erhielt eine über die bairischen Verhältnisse weit hinausgehende Bedeutung. Die Regierung und Abdankung Ludwigs I. und der rasche Uebergang auf die II. Generation vermochte, trotz alles Missgeschicks im Hause, die Stellung Baierns nicht zu erschüttern, da von den Söhnen Ludwigs I. der zweitjüngste zu rechter Zeit die Zügel der Regierung ergreifen und mit seinem jüngsten Bruder für eine zahlreiche Nachkommenschaft Sorge tragen konnte. Der letztere Adalbert ist mit seinen vier Kindern auf der Tafel nicht aufgenommen worden. Auch mag hier noch ergänzt werden, dass die Gemahlin des Prinzregenten Luitpold, Auguste, eine Tochter des Grossherzogs Leopolds II. von Toscana ist. Die übrigen, für den Stammbaum wichtigen Mütter, sind ohnehin angeführt, so dass das künftige Königsgeschlecht auch auf hessisch-darmstädtisches und sächsisch-altenburgisches Blut zurückgeht, während die Verbindung Maximilians II. mit der preussischen Prinzessin Marie zu erlöschender Descendenz geführt hat.

Sachsen. Beide Häuser, das Albertinische wie das Ernestinische, zeigen am Ende des vorigen Jahrhunderts noch die alte Kräftigkeit, welche jedoch im Laufe der neuesten Zeit einer starken Abnahme der männlichen Zweige Platz macht, so dass innerhalb 50 Jahren eine auffallende Zahl von Linien beider Häuser gänzlich erloschen ist, oder auszusterben droht, ohne dass jedoch für den Bestand der Häuser irgend eine Gefahr vorhanden ist. Verhältnissmässig am meisten wurden die Albertiner reducirt.

Der mit Rücksicht auf die Tafel XXVII hier zuerst erwähnte Friedrich August II. ist als König von Polen August III. genannt, auf dessen Vermählung mit der älteren Tochter Kaiser Josephs I. macht die Tafel XXI genügend aufmerksam. Diese ist die Stammmutter sämmtlicher heutigen Albertiner und schien mit 14 Kindern dem Hause eine reiche Zukunft zu geben. Aber schon von den Enkeln, den Kindern Friedrich Christian's, des kürzestregierenden Kurfürsten und der Antonia, Tochter Kaiser Karls VII., gingen alle Zweige verloren, bis auf denjenigen Maximilian's, der auf die Thronfolge zu

Gunsten seines Sohnes, des zum Mitregenten des Königs Anton ernannten Friedrich Augusts II., verzichtete. Dieser und sein Bruder Johann vermählten sich mit Töchtern König Maximilians I., aber auch hier war nur die Ehe Johann's mit der Prinzessin Amalie mit Nachkommenschaft gesegnet. Es genügte, von dieser die Hauptpersonen anzuführen.

Ernestiner. Da die Geschichte der ernestinischen Länder in der zweiten Hälfte des 17. und im 18. Jahrhundert dem Specialstudium auf der XXVII. Tafel überlassen blieb, so konnte in dieser Uebersicht der neuesten Geschichte nur an die Theilungen der beiden Hauptlinien Wilhelm's von Weimar und Ernst des Frommen erinnert werden. Die weimarische Hauptlinie wurde in ihren Besitzungen vereinigt nach dem Ausgang des Jenaischen und Eisenacher Zweiges, so dass schon seit der Mitte des 18. Jahrhunderts für diese Länder nur eine Regentenreihe ungetheilt in Betracht kommt. Die Nebenzweige konnten selbstverständlich ausser Betracht bleiben. Die letzteren stammen von dem zweiten Sohn Karl August's, Karl Bernhard ab, was hiermit zu ergänzen gebeten wird.

Bei den Nachkommen Ernst's des Frommen kamen 7 Linien in Betracht. Beim Beginn unserer Periode waren noch 4 vorhanden und vermöge des Aussterbens der gothaischen im Jahre 1825 giebt es heute nur drei ernestinische Linien, welche in ihrem Länderbestand durch den Erbvertrag vom Jahre 1826 wesentlich verändert worden sind, da Coburg-Saalfeld in Coburg-Gotha und Hildburghausen zu Altenburg umgewandelt worden ist, während die betreffenden Länder grossentheils an Meiningen fielen. Von den ernestinischerseits in Betracht kommenden weiblichen Descendenzen wird man auf verschiedenen anderen Tafeln, wie bei Baiern und England, Beispiele finden.

Würtemberg. Die würtembergische Stammtafel gehört auch für das 19. Jahrhundert zu den verwickeltsten Aufgaben. Selbst um für die nächste Zukunft eine genealogische Klarheit zu gewinnen, bedürfte es bei dem würtembergischen Gesammthause einer sehr umfangreichen Darlegung der Verhältnisse; es war daher sehr schwierig, sich darüber zu entscheiden, was in diesen Uebersichten aufzunehmen sein möchte, und ich entschied mich schliesslich dafür, blos die, bis zu diesem Augenblick geschichtlich bedeutenden Personen in ihrem verwandtschaftlichen Hauptbestand anzuführen.

Baden. Etwas weiter musste bei Baden ausgeholt werden, da hier für die Geschichte des 19. Jahrhunderts der Wechsel der Regierungen zu beachten war, der durch die Anerkennung der hochbergischen Markgrafen eintreten konnte. Nach gleichen Grundsätzen möglichster Beschränkung auf die geschichtlichen Hauptpersonen wurde bei **Hessen** und **Mecklenburg** verfahren.

Die weiteren fürstlichen Familien Deutschlands für die neueste Geschichte in ihrem genealogischen Zusammenhang kennen zu lehren, würde natürlich sehr wünschenswerth gewesen sein, doch verzichtete der Verfasser für diesmal darauf, sein Handbuch allzuweit auszudehnen. Um so genaueres Eingehen auf die Familienverhältnisse erfordert dagegen hier das zum deutschen Kaiserhaus erhobene:

Preussen und Deutschland. In das 18. Jahrhundert zurückgreifend, wurde die XXVI. Tafel, auf welcher die Verbindungen zwischen Hannover und Preussen anmerkungsweise dargestellt waren, durch die Darlegung der Beziehungen der beiden Söhne Friedrich Wilhelms I. zu dem braunschweigischen Hause ergänzt, hierbei sind nun die preussischen Nachkommen August Wilhelms und Louise Amalia's von Friedrich Wilhelm III. an möglichst vollständig aufgeführt. Von den Brüdern Friedrich Wilhelms III., Friedrich Ludwig und Wilhelm, schien es nur nöthig, die männliche Descendenz zu verzeichnen, nur die mit Maximilian II. vermählte Tochter Marie (eigentlich Friederike) ist nochmals erwähnt. Von der Gemahlin des Prinzen Friedrich Ludwig mag hier die Verweisung auf Mecklenburg nicht unterlassen werden, da diese Schwester der Königin Louise auch die Mutter der Fürsten von Solms und der in Deutschland zur Regierung gekommenen Hannoveraner geworden ist.

Friedrich Wilhelm III. begründete die preussische Hauptlinie mit seiner Gemahlin Louise. Die drei Töchter und vier Söhne konnten natürlich in Rücksicht auf ihre sämmtliche Descendenz nicht in Betracht gezogen werden, und so sind auch die Töchter des Prinzen Karl und die des Prinzen Albrecht ausser Betracht geblieben, wie die Regierungszeit und Nachkommenschaft des Kaisers Friedrich III. sich als die Grenze der genealogischen Betrachtung empfahl.

Zum Schlusse wurde den Tafeln eine genealogische Beobachtung der merkwürdigsten Art beigefügt. Bei der Betrachtung fast sämmtlicher regierender europäischer Häuser hat sich die Erscheinung herausgestellt, dass dieselben in ihrem heutigen Bestand nur von zwei Schwestern abstammen, wovon die eine die Stammmutter fast sämmtlicher katholischer, die andere fast sämmtlicher protestantischer Fürsten und Fürstinnen ist. Es ist das Verdienst eines der ausgezeichnetsten Kenner der Geschichte, dessen Name zu wenig bekannt und welcher bei weitem nicht hinreichend gewürdigt worden ist: Friedrich Theodor Richters, gestorben 1876, diese grosse und interessante Thatsache entdeckt zu haben. Er war es, der darauf aufmerksam machte (Oertel, genealogische Tafeln III. Aufl.), dass von Ludwig Rudolph von Braunschweig-Wolfenbüttel und seiner Gemahlin Christine Louise geb. Fürstin von Oettingen, mit einigen Ausnahmen, alle jetzt lebenden christlichen Souveränen mit ihren Kindern und Nachkommen abstammen. Von der ersten und vierten Tochter dieses Paares, Elisabeth Christine und Antoniette Amalia, wovon die erstere katholisch geworden und mit Karl VI. verheirathet worden ist, die letztere aber mit vier Töchtern die fruchtbarsten protestantischen Familien versehen hat, gingen alle weiteren Verzweigungen aus und man berechnet die Nachkommenschaft jenes Ludwig Rudolph mithin auf gegen 800 Personen in dem Zeitraum von 200 Jahren. Die Nachkommenschaft der Elisabeth Christine erklärt sich aus der Fruchtbarkeit der Ehe ihrer Tochter Maria Theresia, während die Töchter der Antoinette Amalia, ausser dem Hauptzweig des braunschweigischen Hauses, abstammend von Karl II., noch das preussische, das Coburg-Saalfeldische und Dänische Haus und deren Descendenzen genealogisch beherrschten. Die Prinzessin Louise Amalia war, wie schon oben erwähnt, die Gemahlin des Prinzen August Wilhelm und mithin Stammmutter aller Verzweigungen des niederländischen Königshauses sowie von Anhalt, Kurhessen, Hessen-Darmstadt, Baiern, Mecklenburg-Schwerin, Sachsen-Altenburg und Meiningen, endlich Russland. Die Prinzessin Sophie heirathete den Herzog Ernst Friedrich von Coburg-Saalfeld, ist mithin die Stammmutter des gesammten ausgebreiteten Coburgischen Hauses, dessen männliche und weibliche Linien fast in allen übrigen Häusern Zweige getrieben haben. Endlich wurde die jüngste Tochter Juliane vermählt mit König Friedrich V. von Dänemark und ihre Urenkelin Louise von Hessen ist die Gemahlin des jetzigen Königs Christians IX.

Die Einzelheiten dieses reizenden genealogischen Bildes zu verfolgen, würde eine sehr nützliche und praktische Uebung sein, die dem Leser und Studirenden der Geschichte überlassen bleiben mag. Wichtiger wäre es vielleicht noch gewesen, durch Hinzufügung von Ahnentafeln auf den Unterschied der genealogischen Bilder aufmerksam zu machen, welche sich ergeben, je nachdem man in aufsteigender oder in absteigender Linie die Generationen entwickelt. Doch musste der Gedanke, dass vielleicht die Tafeln auch für die Schule nützlich gemacht werden könnten, es zunächst räthlich erscheinen lassen, die schwierigeren Probleme der genealogischen Betrachtung zu vermeiden.

Druck von C. H. Schulze & Co. in Gräfenhainichen.

V.—VIII. Jahrhundert.

Die Merowinger

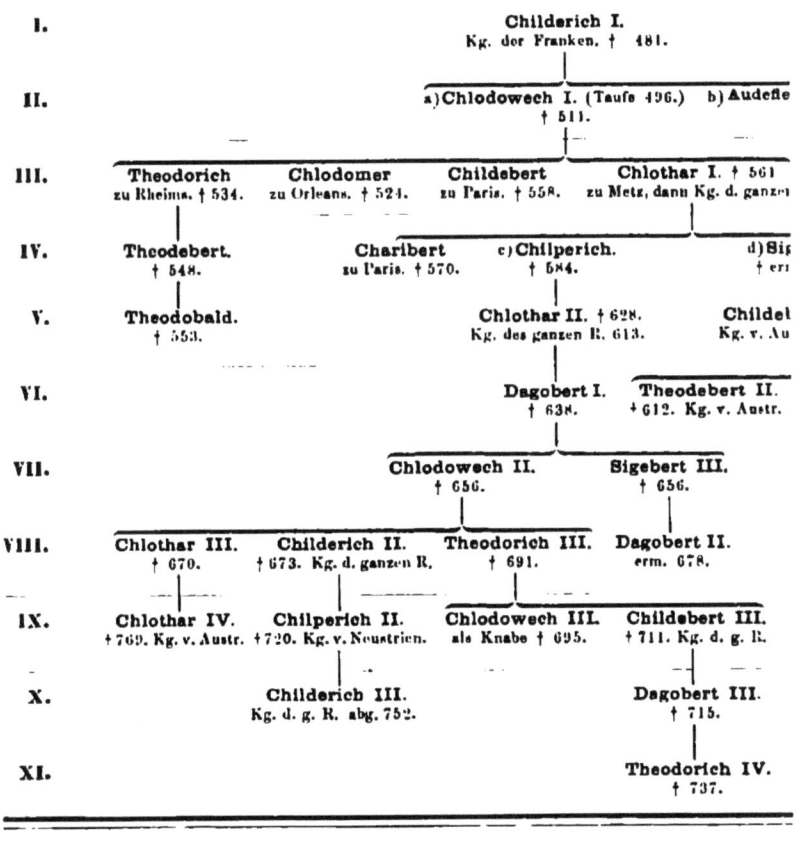

Tafel I.

und Pippiniden.

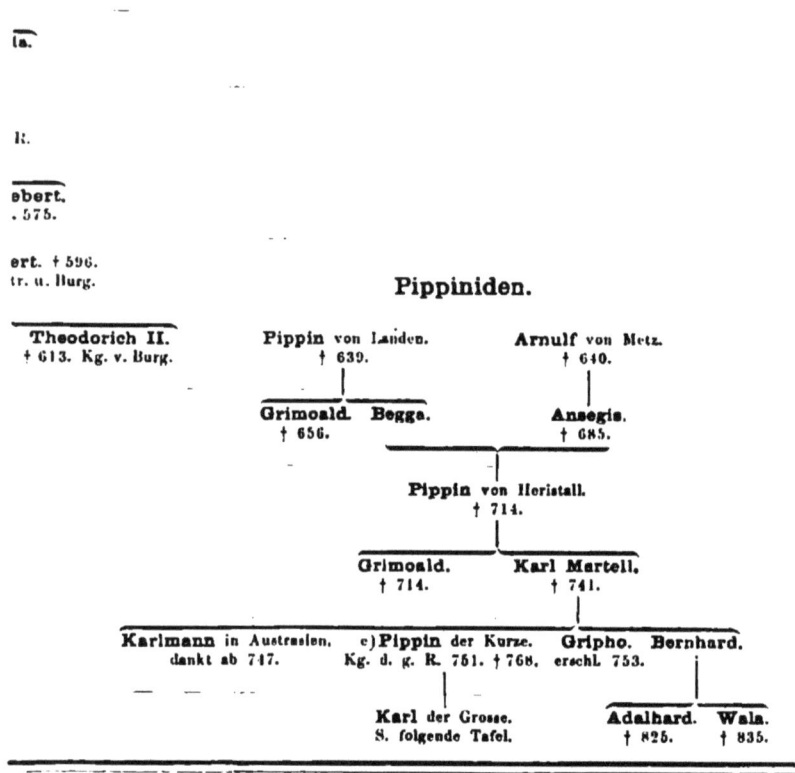

Ia.

R.

ebert.
. 575.

ert. † 596.
tr. u. Burg.

Theodorich II.
† 613. Kg. v. Burg.

Pippiniden.

Pippin von Landen. Arnulf von Metz.
† 639. † 640.

Grimoald. Begga. Ansegis.
† 656. † 685.

Pippin von Heristall.
† 714.

Grimoald. Karl Martell.
† 714. † 741.

Karlmann in Austrasien, c) Pippin der Kurze. Gripho. Bernhard.
dankt ab 747. Kg. d. g. R. 751. † 768. erschl. 753.

Karl der Grosse. Adalhard. Wala.
S. folgende Tafel. † 825. † 835.

rich, König der Ostgothen.   a)   Chilperich. Predegunde,
Uasuntha.   verm. 567. 3. Gemahlin. † 597.
                                       Chlothar II.

e)   Graf Heribert von Laon.
Pippin der Kurze. Bertrada.
Karl der Grosse.

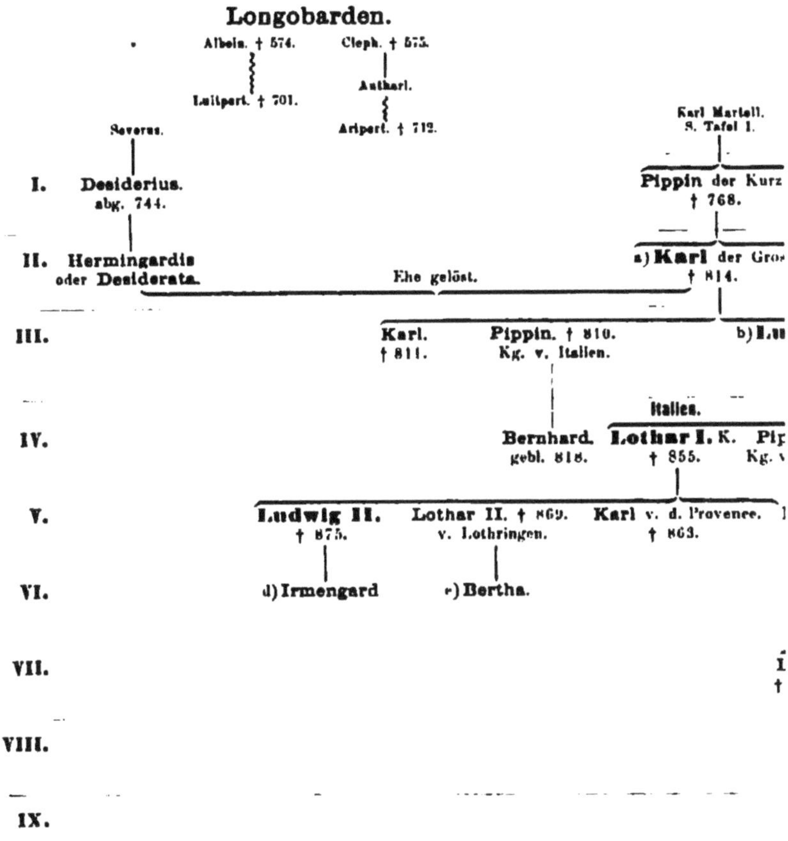

VIII.—X. Jahrhundert.   Das Karolin

Longobarden.

Alboin. † 574.   Cleph. † 575.
Luitpert. † 701.   Autharl.
Aripert. † 712.

       Severus.   Karl Martell.
                                                    S. Tafel 1.

I.   **Desiderius.**   **Pippin** der Kurz
     abg. 744.   † 768.

II.   **Hermingardis**
     oder **Desiderata**.   Ehe gelöst.   a) **Karl** der Gro
                                                       † 814.

III.   Karl.   Pippin. † 810.   b) **L.**
                        † 811.   Kg. v. Italien.

                                               Italien.
IV.   Bernhard.   **Lothar I.** K.   Pip
                     gebl. 818.   † 855.   Kg. v

V.   **Ludwig II.**   Lothar II. † 869.   Karl v. d. Provence.
     † 875.   v. Lothringen.   † 863.

VI.   d) Irmengard   e) Bertha.

VII.

VIII.

IX.

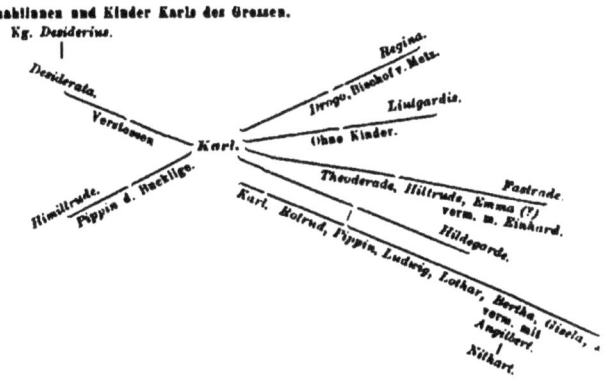

a) Gemahlinnen und Kinder Karls des Grossen.
Kg. *Desiderius.*
Desiderata.
Verstossen.
Himiltrude.
Pippin d. Bucklige.
Karl.
Irmgu, Bischof v. Metz.
Regina.
Liutgardis.
Ohne Kinder.
Theuderade, Hiltrude, Emma (?) verm. m. Einhard.
Fastrade.
Hildegardis.
Karl, Rotrud, Pippin, Ludwig, Lothar, Bertha, Gisela, verm. mit Angilbert.
Nithart.

gische Haus. Tafel II.

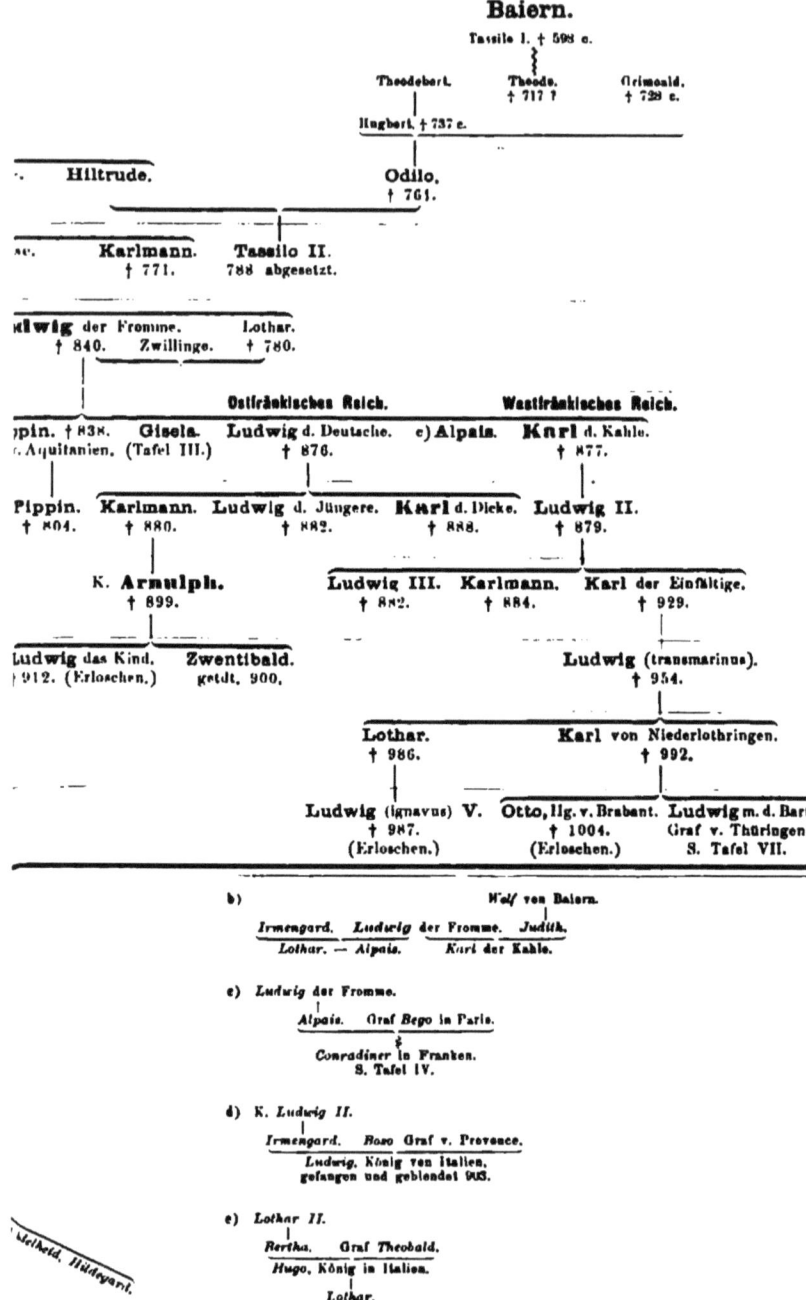

IX., X. Jahrhundert.

Das sächsische Kaiserhaus und di

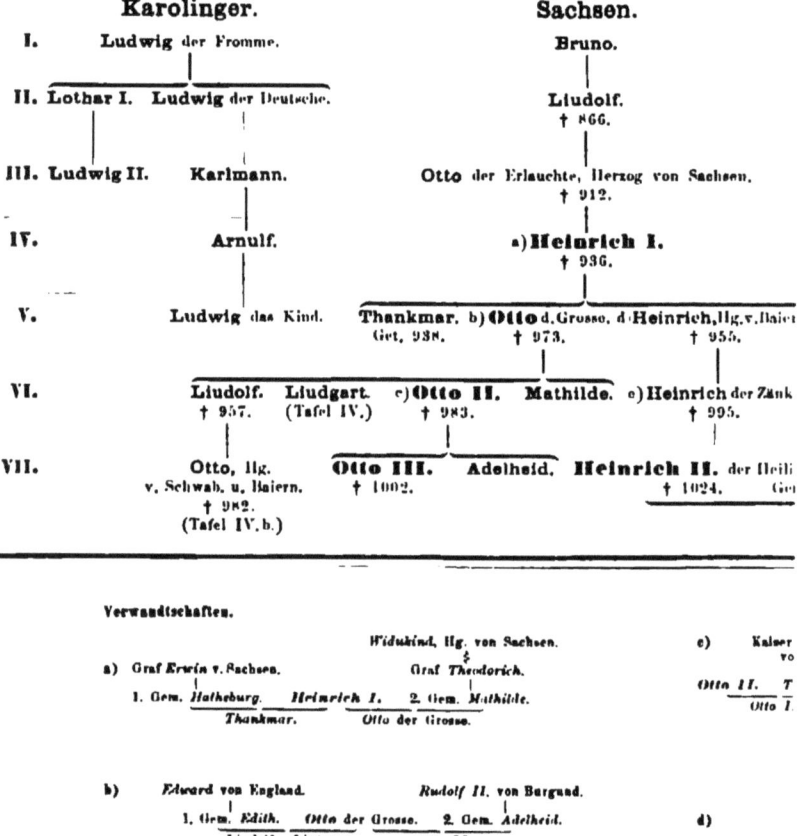

Tafel III.

burgundisch-italienischen Häuser.

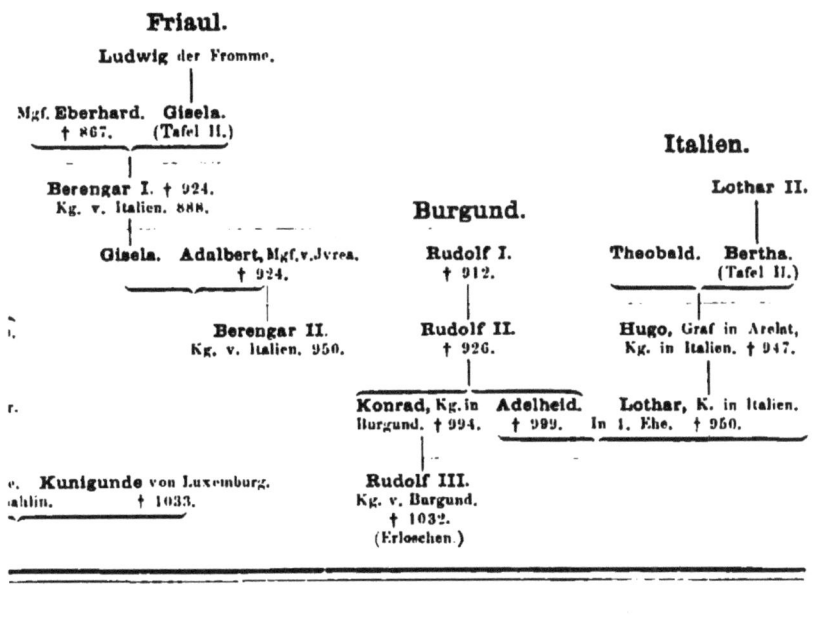

X., XI. Jahrhundert.

Konradiner un

(Tafel III.) **Der ältere Stamm der Salier.** Der

I. Otto der Erlauchte.   Gf. **Konrad** im Lahngau.
Erschl. 905.

II. Heinrich I.   Kg. **Konrad I.**   Ud
† 918.   † 9

III. Otto I.   Eine Tochter.   Gf. **Werner**   Udo.
im Wormsgau.   † 982.

IV. Liutgart.   Konrad der Rothe.   Hermann II., Hg.
Verm.   † in der Lechfeldschlacht 955.   † 1003.

V.   Otto, Gf. im Wormsgau.   Hermann III. a)
† 1004.   † 1012.

VI. Heinrich, Gf.   Bruno (Papst Gregor V.)   Konrad, Hg. von Kärnten.
† 999.   † 1011.

VII. **Konrad II.**, Kaiser.   Konrad.
(Tafel V.)   † 1039.

Verwandtschaften.

a)   *Hermann II.*
1. Gem. Graf Brun. 2. Gem. *Ernst von Babenberg.* *Gisela.* 3. Gem. Kaiser K

Ernst II.,   *Hermann IV.*,   *Heinrich III.*,
Herzog v. Schwaben. Herzog v. Schwaben.
† 1030.   † 1038.

Tafel IV.

d Babenberger.

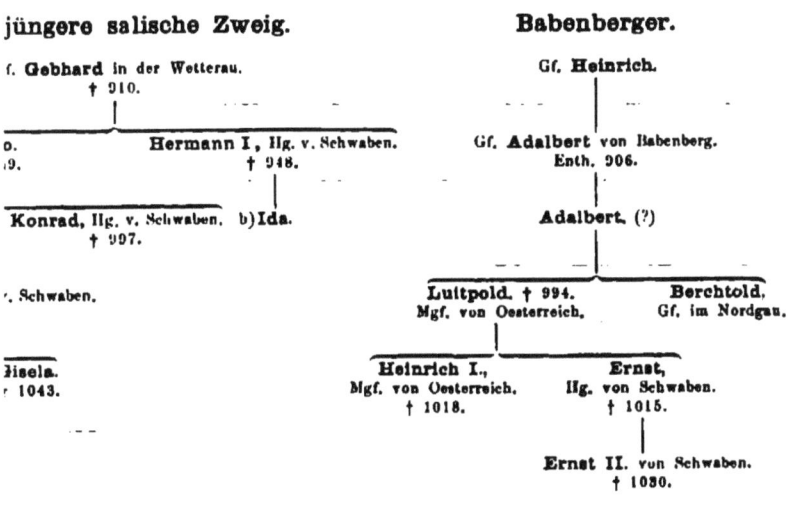

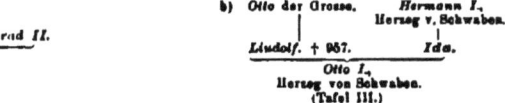

XI., XII. Jahrhundert.

Salische Kaiser und

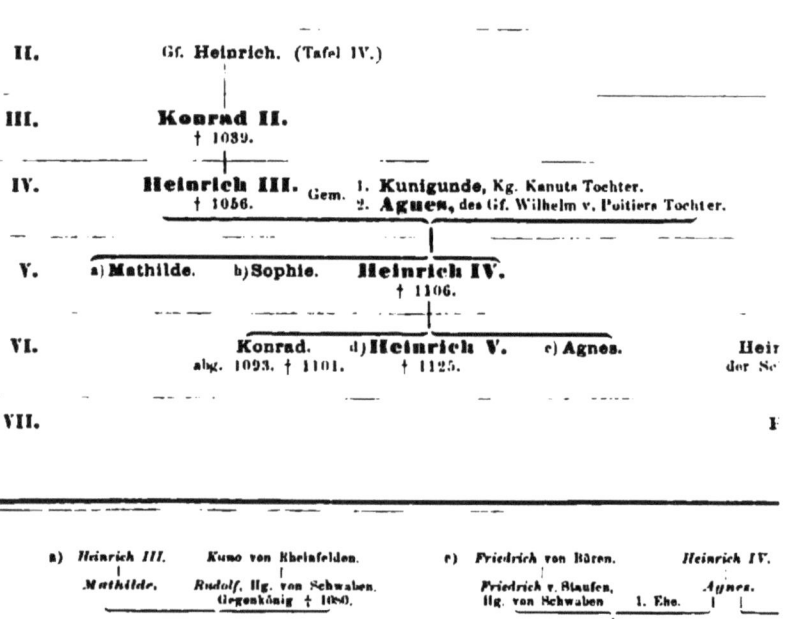

I.

II.   Gf. Heinrich. (Tafel IV.)

III.   **Konrad II.**
† 1039.

IV.   **Heinrich III.** Gem. 1. **Kunigunde**, Kg. Kanuts Tochter.
† 1056.   2. **Agnes**, des Gf. Wilhelm v. Poitiers Tochter.

V.   a) Mathilde.   b) Sophie.   **Heinrich IV.**
† 1106.

VI.   Konrad.   d) **Heinrich V.**   e) Agnes.   Hei
abg. 1093. † 1101.   † 1125.   der Sc

VII.   F

---

a) *Heinrich III.*   *Kuno von Rheinfelden.*   e) *Friedrich von Büren.*   *Heinrich IV.*
    Mathilde.   *Rudolf, Hg. von Schwaben.*   *Friedrich v. Staufen,*   *Agnes.*
               Gegenkönig † 1080.   *Hg. von Schwaben*   1. Ehe.
                                             Friedrich II.   *Konrad III.*   *Leop*
                                             von Schwaben.   (Tafel VI.)

b) *Heinrich III.*
    Sophie.   *Salomo, Kg. von Ungarn.*

Tafel V.

sächsische Herzöge.

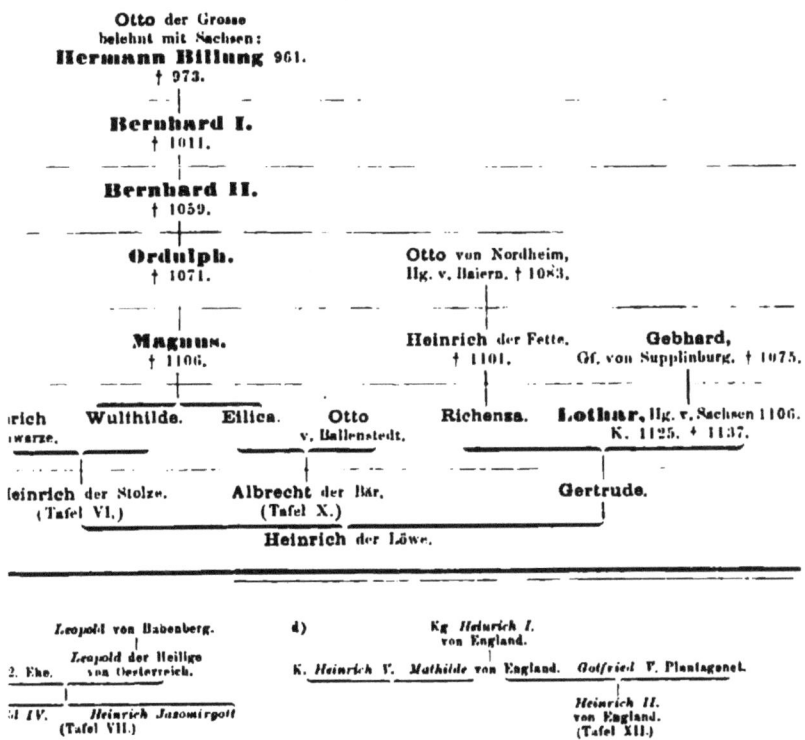

XII., XIII. Jahrhundert.

Staufer III

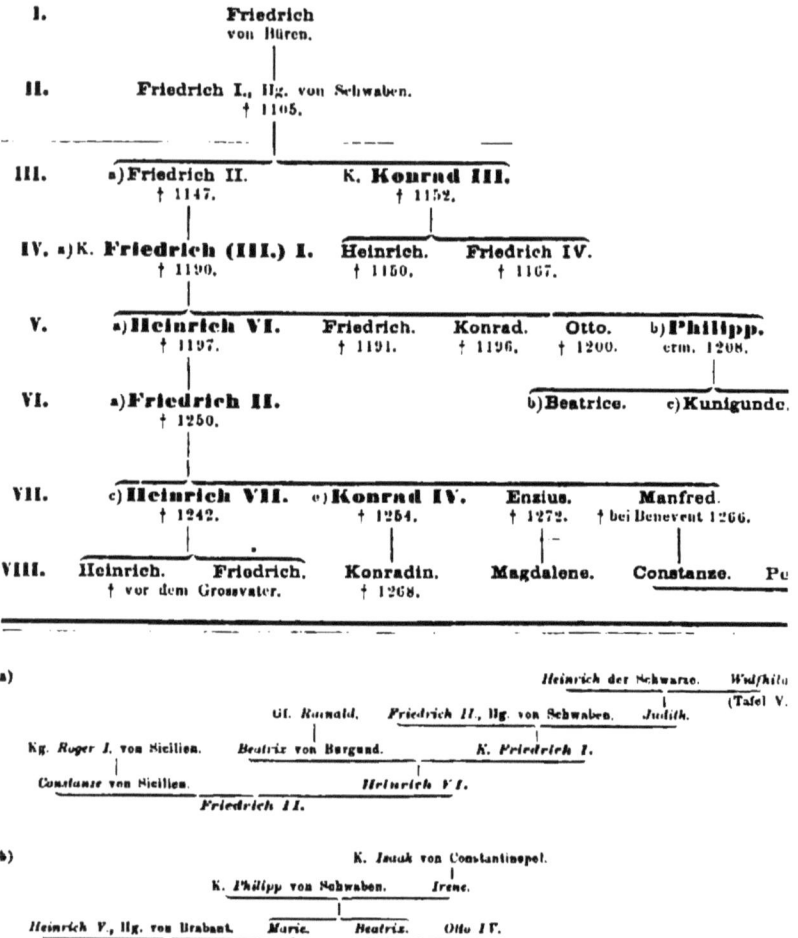

Tafel VI.

ıd **Welfen.**

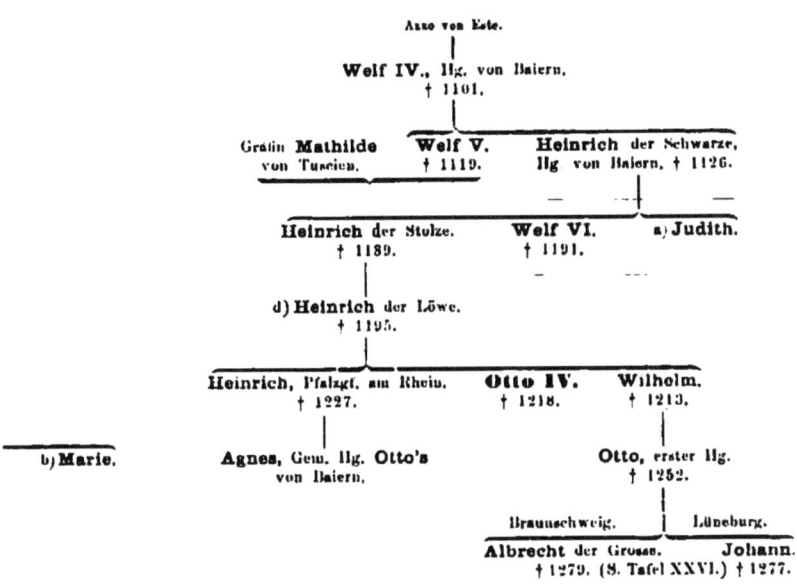

b) **Marie.**

ter III von Arragonien.

e)
K. *Philipp von Schwaben.*
Friedrich II. Hg. *Leopold VI. von Oesterreich.* *Wenzel I von Böhmen.* *Kunigunde.*
Heinrich VII. *Margarethe.* *Ottokar II. von Böhmen.*
Heinrich. *Friedrich.*

d)
Kg. *Heinrich II. Plantagenet*
Heinrich der Löwe. *Mathilde.*

e) S. Tafel VIII. c.

XI., XII., XIII. Jahrhundert.

Babenberger, Thüringe

I.   Liutpold. † 994.
         Gf. im Donaugau, Markgf. von Oesterreich.

II. a) **Ernst I.** † 1015.   **Heinrich I.** † 1018.   **Adalbert.** † 1055.
    Hg. von Schwaben.   Markgrafen von Oesterreich.

III. Ernst II.   Hermann IV.   Ernst.
    † 1030.   † 1038.   † 1075.

IV.   Leopold II.
                     † 1102.

V.   c) Elisabeth.   Leopold III.
                 der Heilige. † 1136. (S. Tafel V.)

VI. Leopold IV.   b) Heinrich II, Jasomirgott.   Otto von Freising.
    Hg. v. Baiern. † 1141.   † 1177.   † 1158.

VII.   c) Leopold V. † 1194.   Ludwig III
        Erster Hg. von Steiermark.   † 11

VIII. Friedrich I. † 1198.   Leopold VI. † 1230.   d) Jutta. Lu
              Hg. v. Oesterreich u. Steiermark.   † 1235.

IX. Heinrich. Friedrich II, der Streitbare. Margarethe.   Her
    † 1228.   † 1246.   (S. Tafel VI. c.)   †

  Wladislaw   Gertrud   Hermann.
v. Böhmen. † 1247. v. Oesterreich. Markgf. v. Baden.
    1. Ehe.   2. Ehe.

---

a) Schwaben und Oesterreich.   d) Der thüringi
  Ernst I. von Schwaben.   Gisela.   Konrad II.
  (S. Tafel IV. Anmerkung.)   Poppo von Henn

b) Oesterreich und Baiern.
              Kaiser Lothar.
Theodora von Griechenland. Heinrich Jasomirgott. Gertrud. Heinrich der Stolze.
Nichte K. Manuels.   2. Ehe.   1. Ehe.
  Leopold V.   Heinrich der Löwe.   f) Die beiden b
                                            Kg. Philipp von
c) Oesterreich und Steiermark.   Marie
            Leopold II.   He
Markgraf Ottokar von Steier. Elisabeth.
   Ottokar V.
     |
  Ottokar VI.   Leopold V. † 1194.   Erloschen mit .
Hg. von Steiermark.
  † 1192.   Erb
(Erloschen.)

Tafel VII.

Brabant und Hessen.

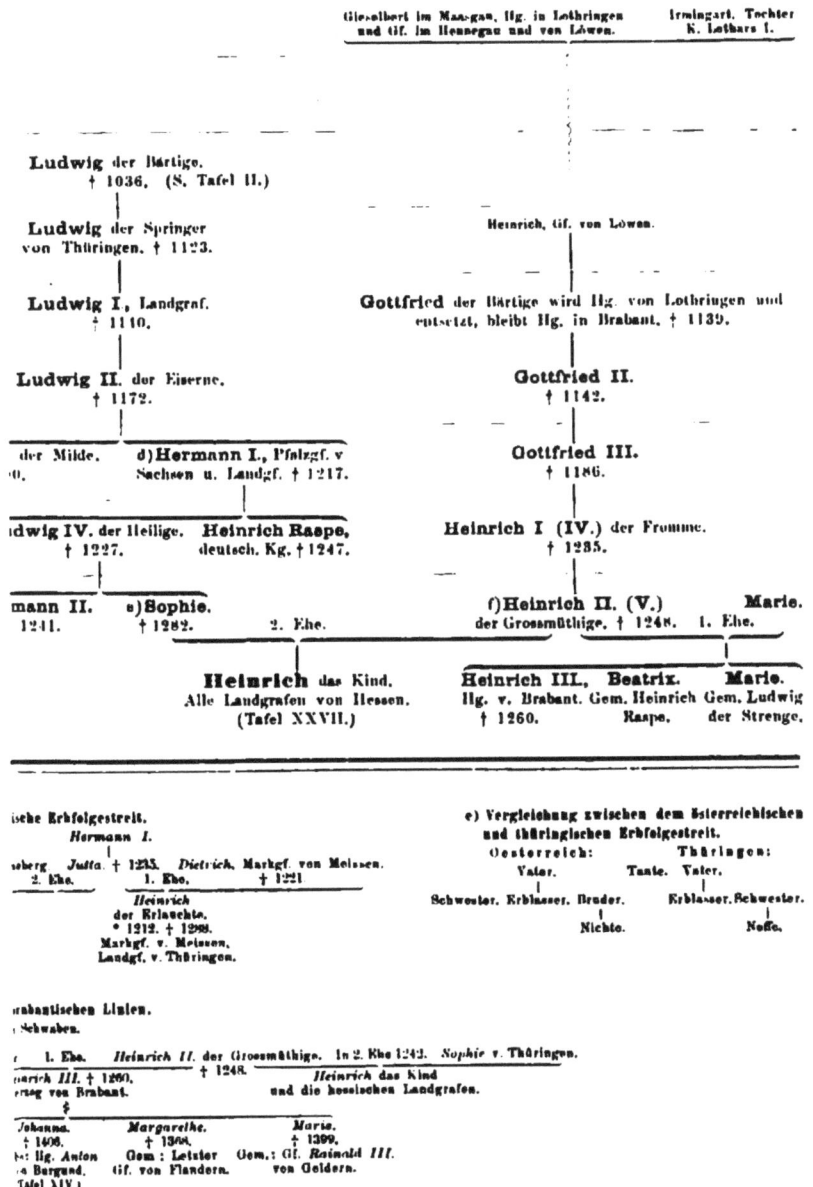

XIII., XIV., XV. Jahrhundert.

Habsburger,

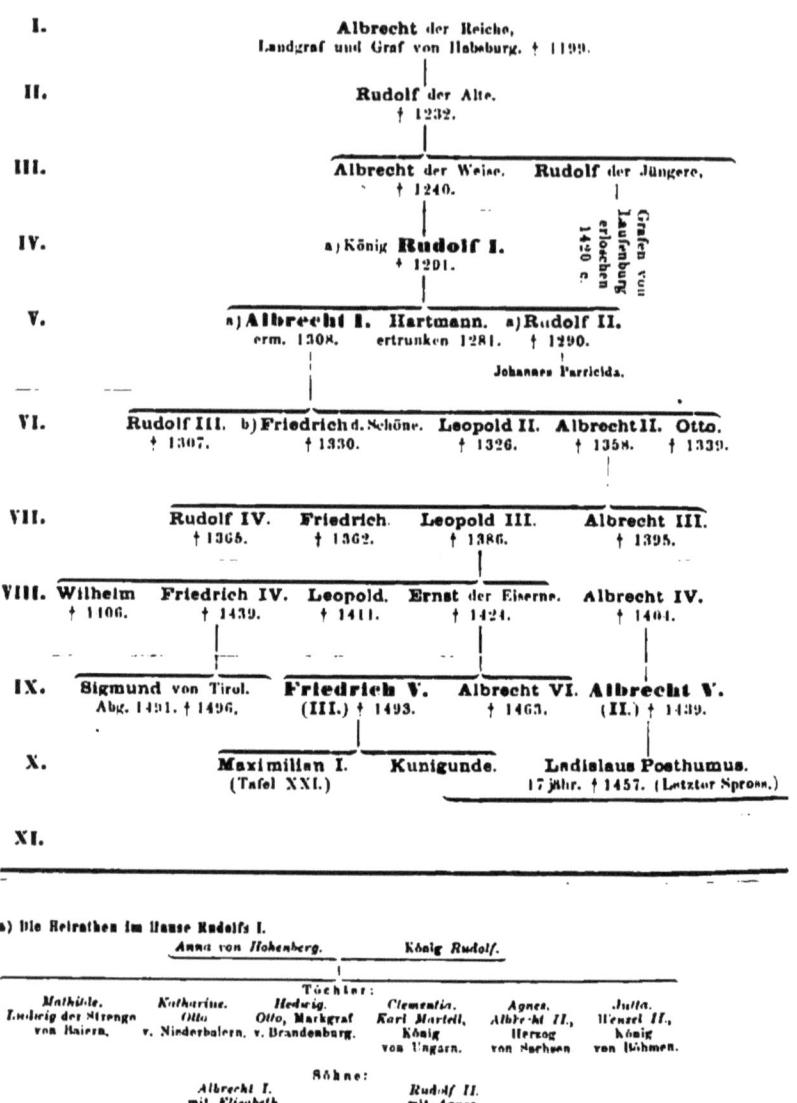

I. Albrecht der Reiche,
Landgraf und Graf von Habsburg. † 1199.

II. Rudolf der Alte. † 1232.

III. Albrecht der Weise. † 1240. Rudolf der Jüngere,
  Grafen von Laufenburg erloschen 1450 c.

IV. a) König **Rudolf I.** † 1291.

V. a) **Albrecht I.** Hartmann. a) Rudolf II.
  erm. 1308. ertrunken 1281. † 1290.
      Johannes Parricida.

VI. Rudolf III. b) Friedrich d. Schöne. Leopold II. Albrecht II. Otto.
  † 1307. † 1330. † 1326. † 1358. † 1339.

VII. Rudolf IV. Friedrich. Leopold III. Albrecht III.
  † 1365. † 1362. † 1386. † 1395.

VIII. Wilhelm Friedrich IV. Leopold. Ernst der Eiserne. Albrecht IV.
  † 1406. † 1439. † 1411. † 1424. † 1404.

IX. Sigmund von Tirol. **Friedrich V.** Albrecht VI. **Albrecht V.**
  Abg. 1491. † 1496. (III.) † 1493. † 1463. (II.) † 1439.

X. Maximilian I. Kunigunde. Ladislaus Posthumus.
  (Tafel XXI.)   17 Jahr. † 1457. (Letzter Spross.)

XI.

---

a) Die Heirathen im Hause Rudolfs I.

Anna von Hohenberg. König Rudolf.

Töchter:
Mathilde. Katharine. Hedwig. Clementia. Agnes. Jutta.
Ludwig der Strenge Otto Otto, Markgraf Karl Martell, Albrecht II., Wenzel II.,
von Baiern. v. Niederbaiern. v. Brandenburg. König Herzog König
    von Ungarn. von Sachsen. von Böhmen.

Söhne:
Albrecht I. Rudolf II.
mit Elisabeth, mit Agnes.
Herzog Meinharts des Königs Ottokar II.
von Kärnten und Tirol von Böhmen
Tochter. Tochter.

Tafel VIII.

Wittelsbacher.

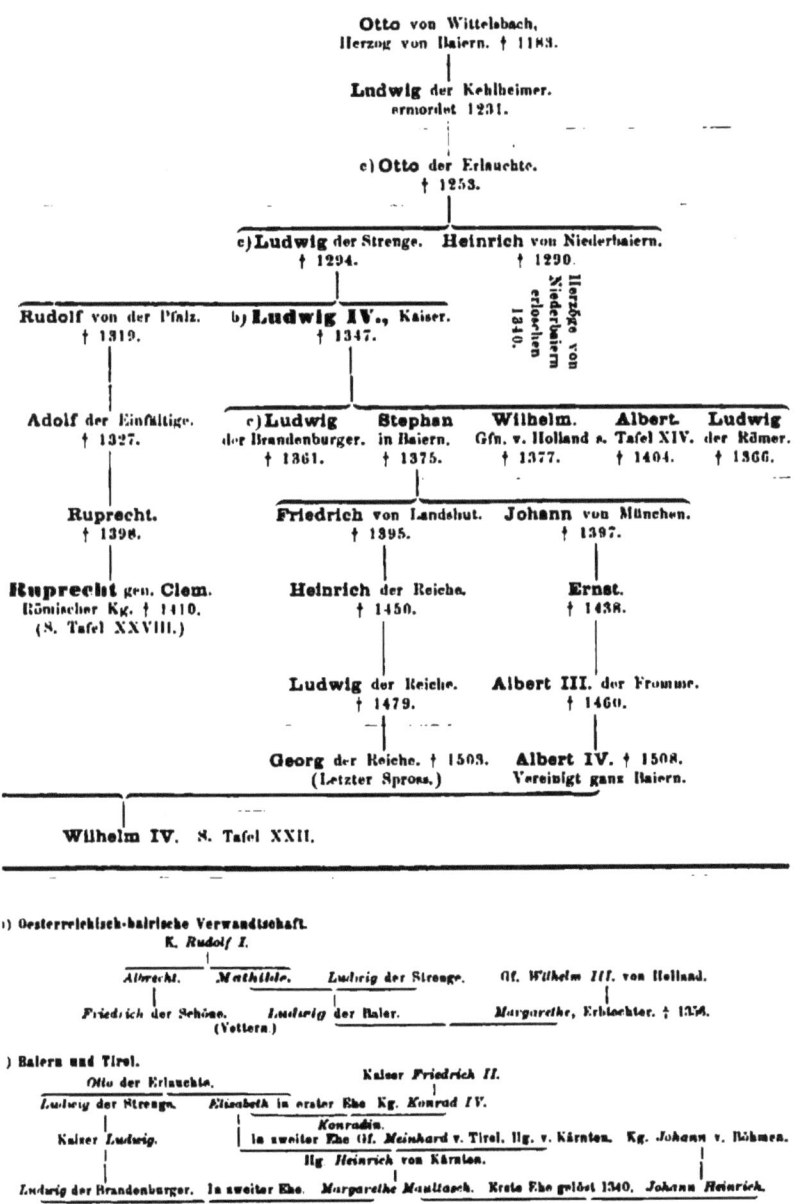

a) **Oesterreichisch-bairische Verwandtschaft.**

K. Rudolf I.

Albrecht.   Mathilde.   Ludwig der Strenge.   Gf. Wilhelm III. von Holland.

Friedrich der Schöne.   Ludwig der Baier.   Margarethe, Erbtochter. † 1356.
(Vettern.)

b) **Baiern und Tirol.**

Otto der Erlauchte.   Kaiser Friedrich II.

Ludwig der Strenge.   Elisabeth in erster Ehe Kg. Konrad IV.

Kaiser Ludwig.   Konradin.
In zweiter Ehe Gf. Meinhard v. Tirol. Hg. v. Kärnten.   Kg. Johann v. Böhmen.

Hg. Heinrich von Kärnten.

Ludwig der Brandenburger. In zweiter Ehe Margarethe Maultasch. Erste Ehe gelöst 1340. Johann Heinrich.

Meinhard, Graf von Tirol. † 1363.

X.—XV. Jahrhundert.

Prschemysliden, Lux

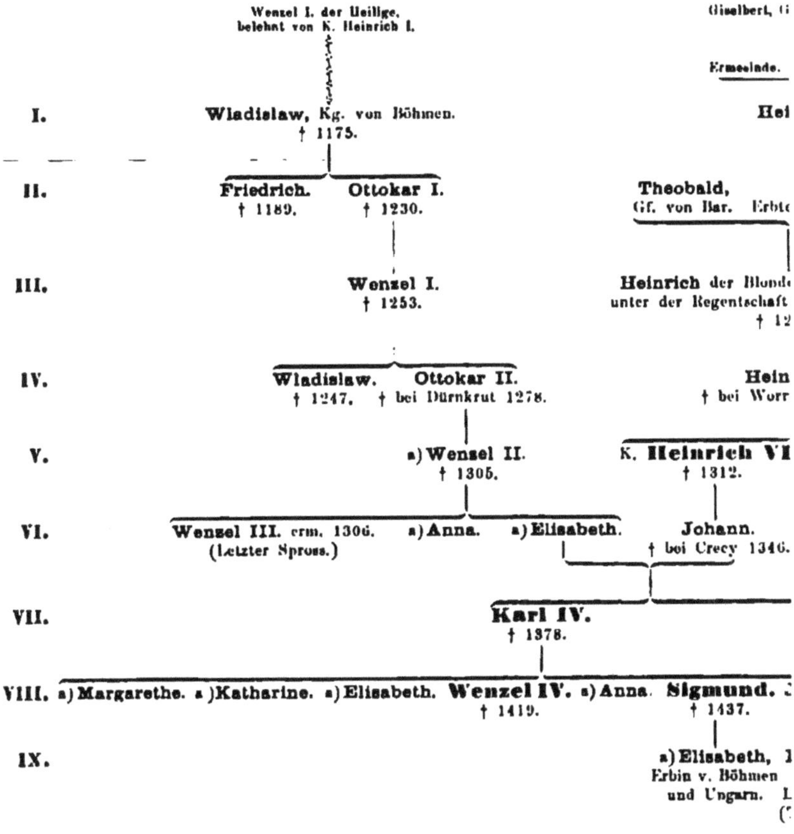

	Wenzel I. der Heilige, belehnt von K. Heinrich I.		Giselbert, G
			Ermesinde.
I.	Wladislaw, Kg. von Böhmen. † 1175.			Hei
II.	Friedrich. † 1189.	Ottokar I. † 1230.	Theobald, Gf. von Bar.	Erbto
III.		Wenzel I. † 1253.	Heinrich der Blonde unter der Regentschaft † 12
IV.	Wladislaw. † 1247.	Ottokar II. † bei Dürnkrut 1278.	Hein † bei Worr
V.		a) Wenzel II. † 1305.	K. Heinrich VI † 1312.
VI.	Wenzel III. erm. 1306. (Letzter Spross.)	a) Anna. a) Elisabeth.	Johann. † bei Crecy 1346.
VII.		Karl IV. † 1378.	
VIII.	a) Margarethe. a) Katharine. a) Elisabeth. Wenzel IV. † 1419. a) Anna. Sigmund. † 1437.
IX.			a) Elisabeth, 1 Erbin v. Böhmen und Ungarn. L (C

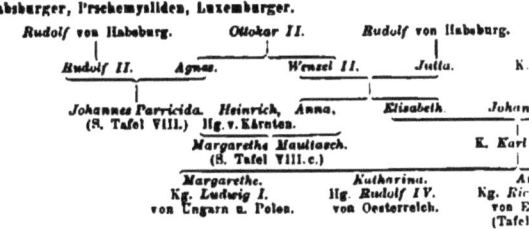

a) Habsburger, Prschemysliden, Luxemburger.

Rudolf von Habsburg.   Ottokar II.   Rudolf von Habsburg.
Rudolf II.   Agnes.   Wenzel II.   Jutta.   K.
Johannes Parricida.   Heinrich,   Anna.   Elisabeth   Johan
(S. Tafel VIII.)   Hg. v. Kärnten.
Margarethe Maultasch.   K. Karl
(S. Tafel VIII. c.)
Margarethe.   Katharina.   A
Kg. Ludwig I.   Hg. Rudolf IV.   Kg. Ric
von Ungarn u. Polen.   von Oesterreich.   von E
(Tafel

Tafel IX.

emburger, Nassauer.

```
, von Salm und Luxemburg.                    Gfn. im Kuningessundragau
       † 1050.
         ⁞
  Gottfried, Gf. von Namur.
         |
  nrich der Blinde.                              Walram I.
       † 1196.                                   † 1198.
         |                                          |
  Ermesinde,                                    Heinrich II.
  chter v. Luxemburg.                             † 1247.
  ─────────────                                     |
                              (Walramsche Linie.)    (Ottonische Linie.)
  , Gf. von Luxemburg.            Walram II.              Otto.
  der Mutter seit 1226.            † 1275 c.              † 1289.
  61.                                 |                      |
  rich,                         Kg. Adolf.    Diether,
  ingen 1288.              † bei Göllheim 1298. Erzb. v. Trier. † 1307.
                                    |
  I. Balduin, Erzb. von Trier.   Ruprecht.   Gerlach I.
       † 1354.                   † 1304.     † 1361.
                                                |
                                          Adolf I   Johann I.
                                          † 1370.
                                                                   Dillenburgische  Hadamarische
                                                                   Beilstein.
                                                                   Oranische Linie.
         Johann-Heinrich.
              † 1375.
                |
  ohann.    Jobst von Mähren.                                      (S. Tafel XXX.)
  * 1396.       † 1411.
      |
  Elisabeth,                              Ludwig II.
  Erbin v.                                 † 1627.
  uxemburg.                             (S. Tafel XXX.)
  Tafel XIV.)
```

───

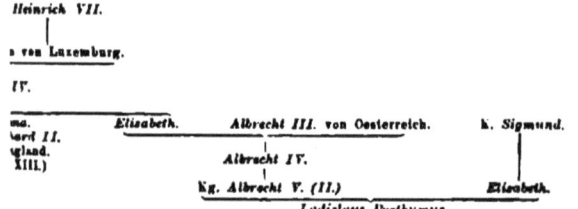

```
Heinrich VII.
     |
  a von Luxemburg.
 IV.

  ma.         Elisabeth.    Albrecht III. von Oesterreich.    K. Sigmund.
  ard II.                         Albrecht IV.                    |
  gland.                    Kg. Albrecht V. (II.)               Elisabeth.
  XIII.)                       Ludislaus Posthumus.
```

XII.—XV. Jahrhundert.

Das Ascanische Haus in Brandenburg u Hohenzollern

I. von Nürnberg.

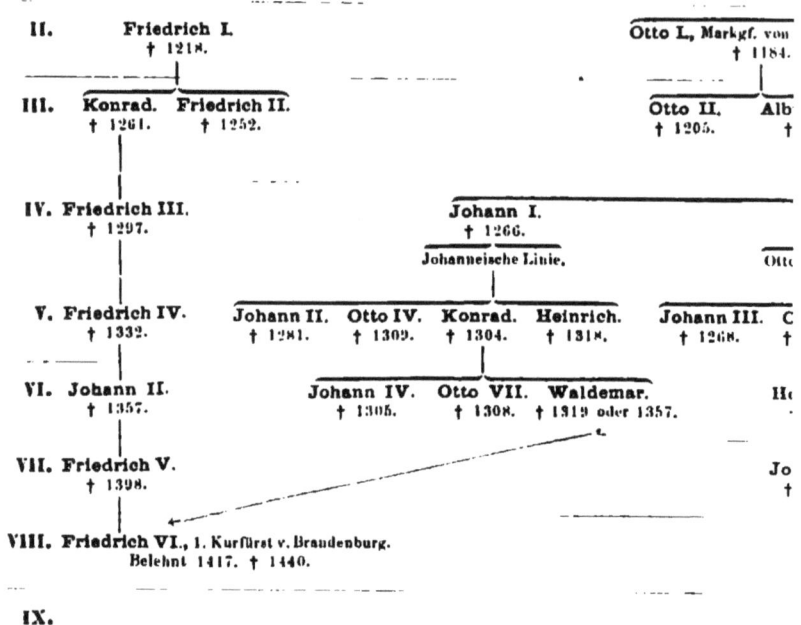

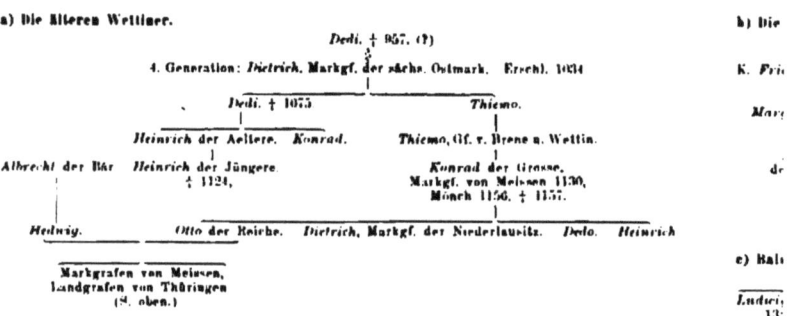

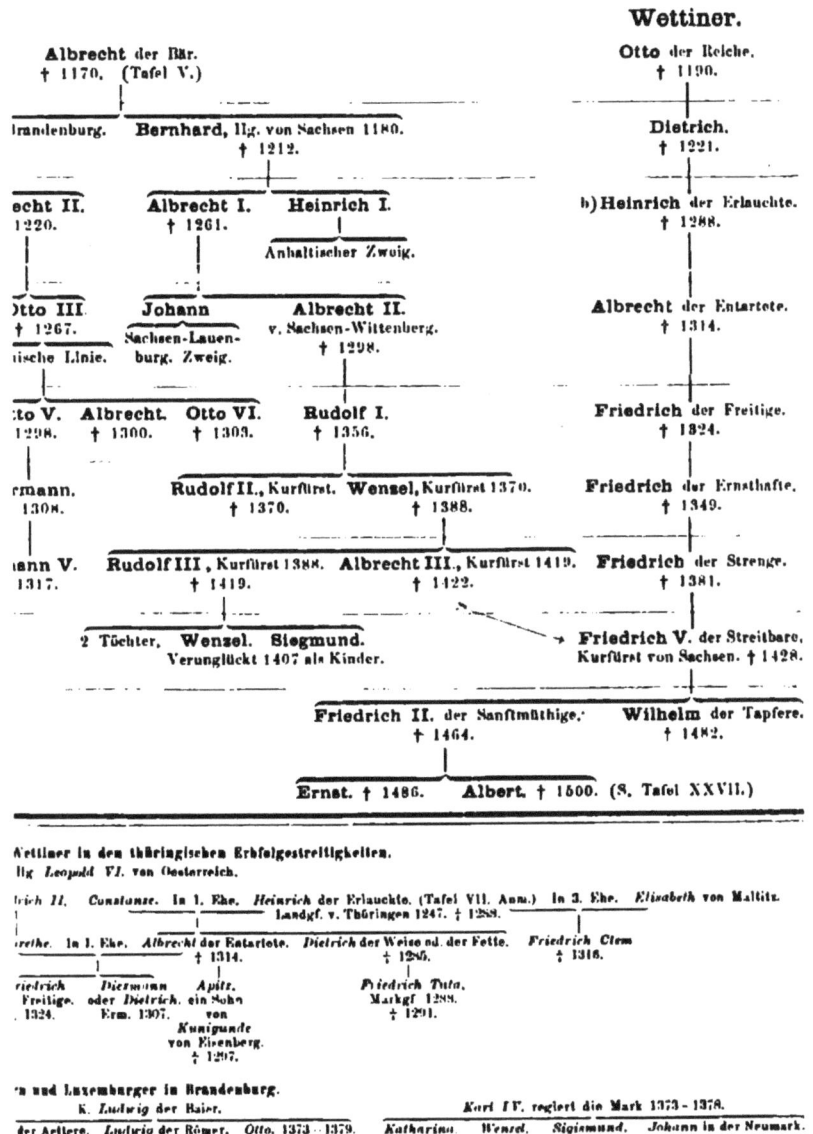

IX., X., XI. Jahrhundert. Frankreich, England, Dänemark. Tafel XI.

Frankreich

I. Ludwig der Fromme.

II. Karl der Kahle.

III. Ludwig der Stammler. — Gf. Theodebert von Auxerre. (?)

IV. Karl der Einfältige. — Robert der Tapfere. † 867.

V. Ludwig (l'Outramarin). — Eudo. † 898. — Robert. † 923.

VI. Lothar. — Hugo der Grosse. † 956.

VII. Hugo Capet, Gf. von Paris, als Kg. † 996.

VIII. Robert der Heilige. † 1031.

IX. Heinrich I. † 1060.

Philipp I. † 1108.

England

Ecgbret, Kg. von Wessex, dann angelsächs. Oberkg. † 836.

Aethelwulf. † 857.

Aethelbald. † 860. Aethelbert. † 866. Aethelred. † 871. Aelfred. † 901.

Eadward. † 924. Aethelweard. † 922.

Aetheleton. † 940. Eadmund. † 946.

Eadgar. † 975.

Eadward Martyr. † 978. Aethelred. † 1016.

Eadmund. Eadward confessor. † 1066.

Dänemark

Gorm III. von Dänemark. † 931.

Thyra.

Harald Blatand. † 985.

Swen-Otto. † 1014.

Canutus Magnus. 1014 in Dänemark, 1017 in England. † 1035.

Swen. Harold. Harthaknut.

Frankreich, England und die Normandie.

Wilhelm der Eroberer. † 1087.

- Wilhelm II. † 1100.
- Heinrich I. † 1135. — Mathilde. ∞ Gf. Gottfried von Plantagenet. (Tafel V. Anm.)
  - Heinrich II. † 1189.
    - Richard Löwenherz. † 1199.
    - Johann ohne Land. † 1216.
      - Heinrich III. † 1272.
        - Eduard I. † 1307.
          - Eduard II. erm. 1327.
            - Eduard III. (Tafel XIII.)
      - Gf. Richard von Cornwall, deutscher Kg. † 1272.
- Adele. ∞ Gf. Stephan von Blois.
  - Stephan. † 1154.

I. **Philipp I.**, Kg. von Frankreich. † 1108.
II. **Ludwig VI.** der Dicke. † 1137.
III. **Ludwig VII.** † 1180.
IV. **Philipp II. August.** † 1223.
V. **Ludwig VIII.** † 1226.
VI. **Ludwig IX.** der Heilige. † 1270.
  - Karl I. Haus Anjou. (Tafel XVI.)
  - Robert I. Haus Artois.
VII. **Philipp III.** † 1285.
  - Robert, Gf. von Clermont. Das Haus Bourbon. (Tafel XVII. u. XXIII.)
VIII. **Philipp IV.** † 1314.
  - Karl. Haus Valois. (Tafel XIII.)
IX. **Ludwig X.** † 1316. **Philipp V.** † 1321. **Karl IV.** † 1328. Isabella. ∞ Eduard III. (Tafel XIII.)

XIV. und XV. Jahrhundert.

Valois, Lanca[

a) **Karl**, Gf. zu Valois. † 1325. (Tafel XII.)

I. **Philipp VI.**, Gf. von Valois, Kg. von Frankreich 1328. † 1350. — **Karl von Alençon**. Grafen von Alençon erloschen 1525.

II. a) **Johann** der Gute. † 1364. — der sc †

III. **Karl V.** † 1380. — **Ludwig von Anjou.** † 1384. Kg. v. Neapel. (Tafel XVI.) — **Philipp der Kühne.** † 1404. Hg. v. Burgund. (Tafel XIV.) — **Ric**

IV. b) **Karl VI.** † 1422. — **Ludwig, Hg. von Orleans.** Ermordet 1407. Hge. von Orleans und Gfn. von Angoulême. (Tafel XVII.)

V. **Isabella.** † 1409. — **Karl VII.** † 1461. — **Michaela.** † 1422. — **Katharina.** † 1438.

VI. **Ludwig XI.** † 1483. — **Catharina.** — **Johanna.**

VII. c) **Karl VIII.** † 1498. (Tafel XVII.)

---

a) Valois und Luxemburg.

Karl von Valois.   Johann, Kg. von Böhmen.
Johann v. Böhmen.   Philipp VI.   Blanca.   Karl IV. K. u. Kg. v. Böhmen
Bona.   Johann der Gute.   3 Töchter:
        Karl V.   Margaretha,   Katharine,   Elisabeth,
                           Gem. Ludwig   Rudolf   Albert
                           von Ungarn.   von Oesterr. v. Oesterr.
                                     (S. Tafel IX. Anm.)

b) Valois und Plantagenet.
K. *Karl IV.*   Der schwarze Prinz.   Karl VI.   Heinrich IV.
   Anna.   Richard II. Isabella.   Katharina.   Heinrich V.
   In 1. Ehe.   In 2. Ehe.   In 1. Ehe.
                                        Heinrich VI.
                                        In 2. Ehe.   Owen Tudor. (Tafel X.)
                                        Edmund Tudor.

c) Karl VIII. und seine Verlobten.
Eduard IV.   K. Maximilian.   Franz, Hg. von der Bretagne.
Elisabeth. Karl VIII. Margaretha,   Anna, verlobt mit K. Maximilian I.
                Vermählt.
           Zwei als Kinder gestorbene Söhne.

Tafel XIII.

ter und York.

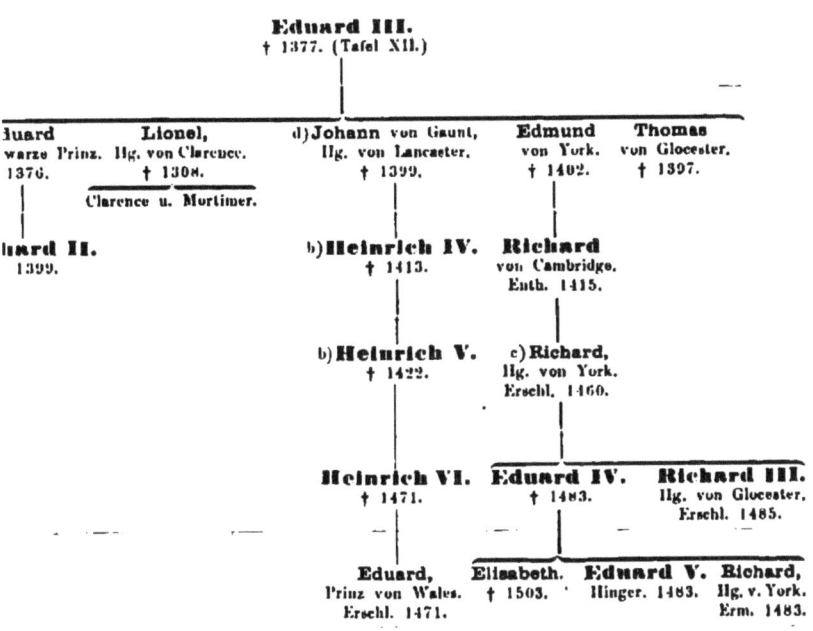

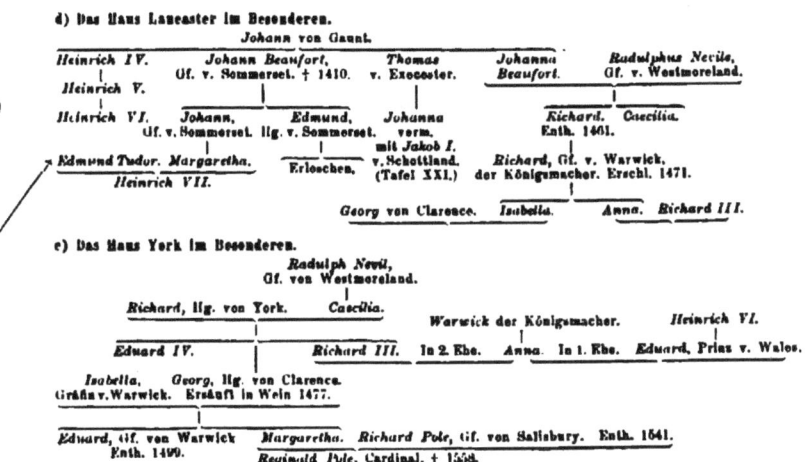

XIII., XIV., XV. Jahrhundert.

Burgund, Brabant,

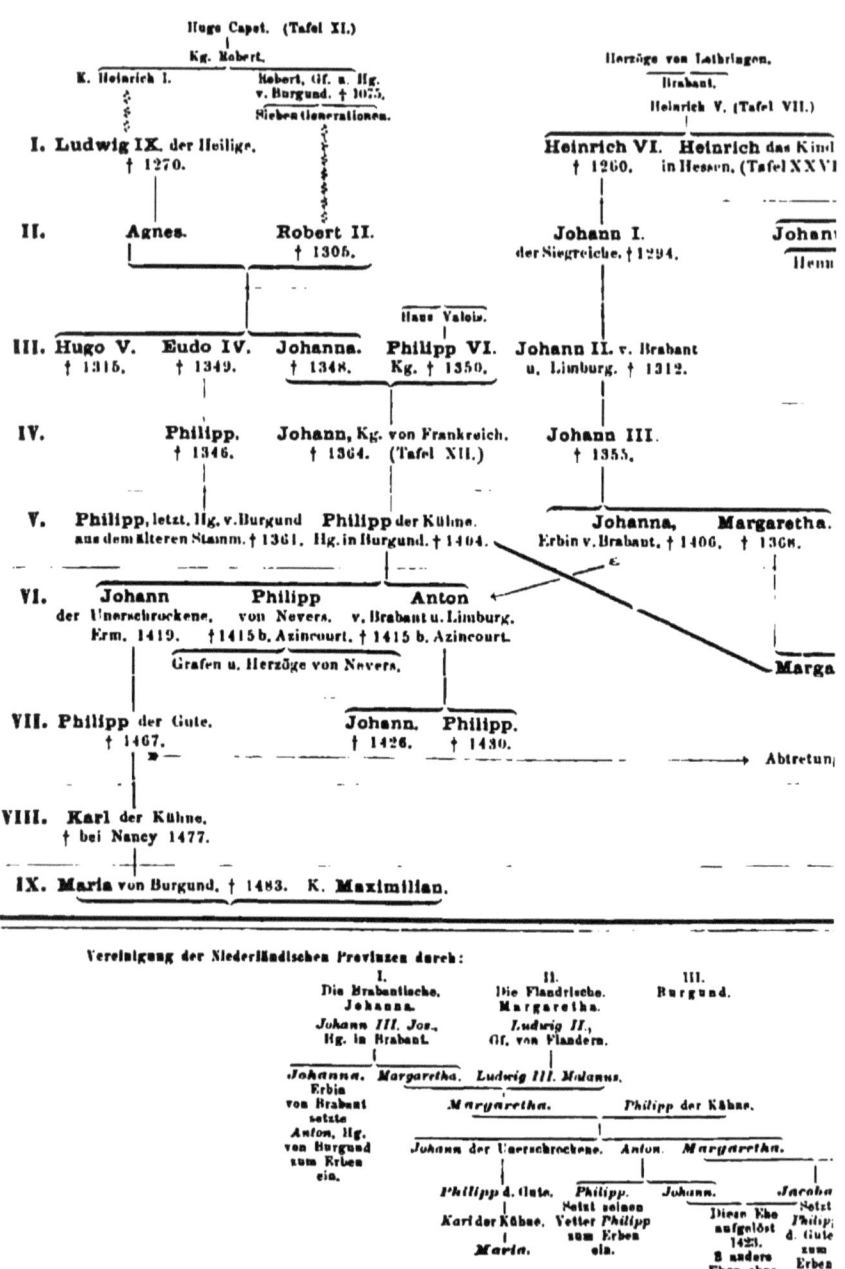

Tafel XIV.

Flandern, Holland.

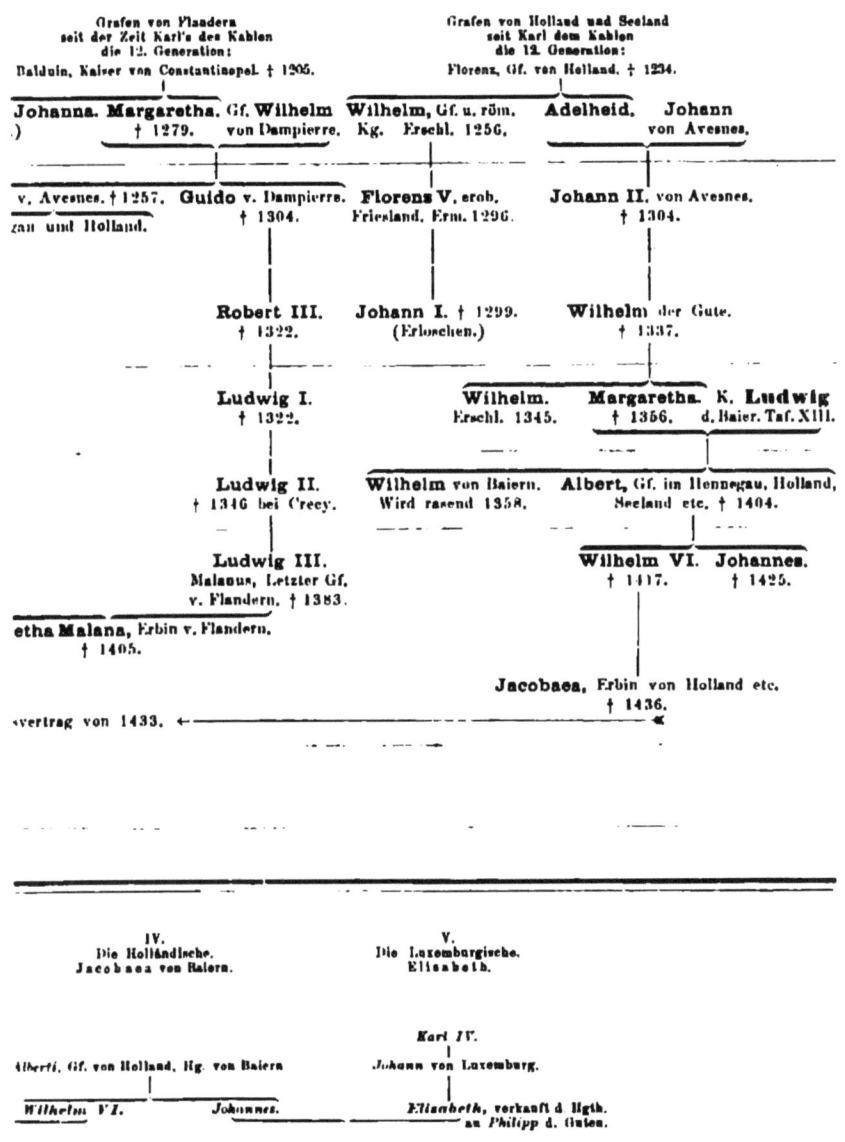

VII.–XV. Jahrhundert.

Die Königlichen]

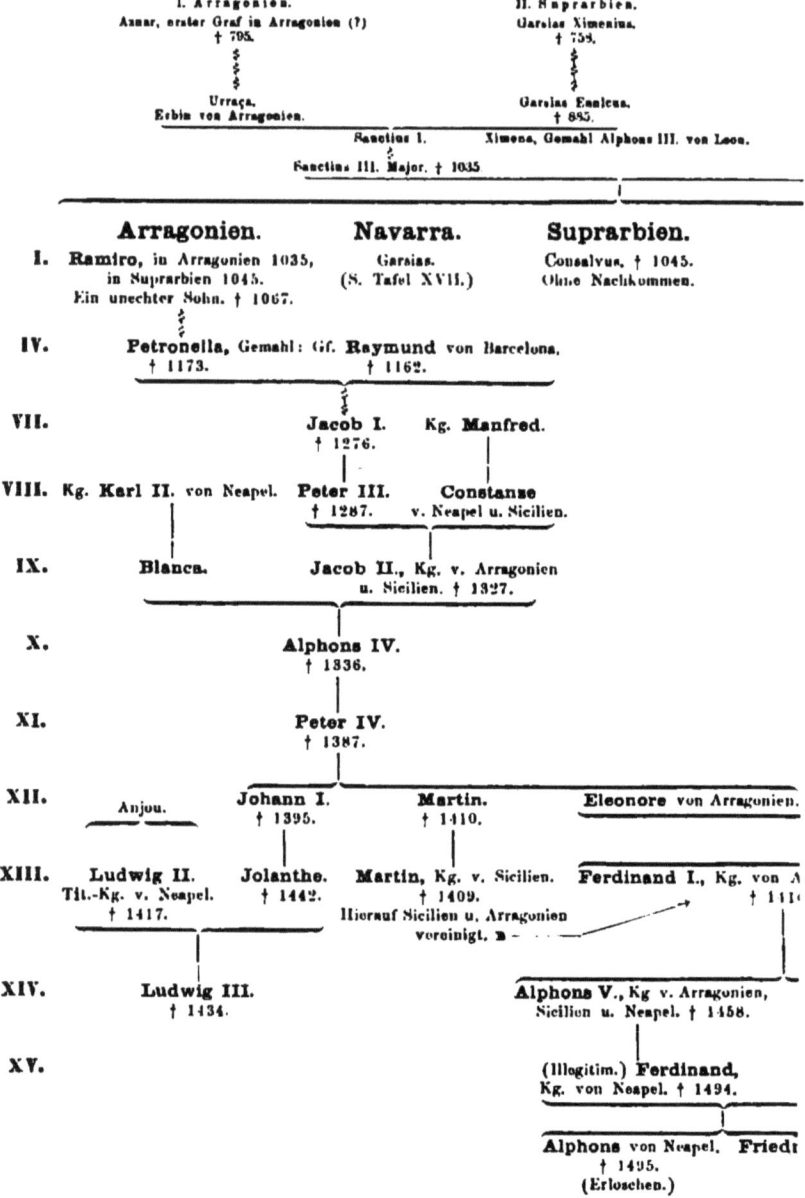

Tafel XV.

läuser in Spanien.

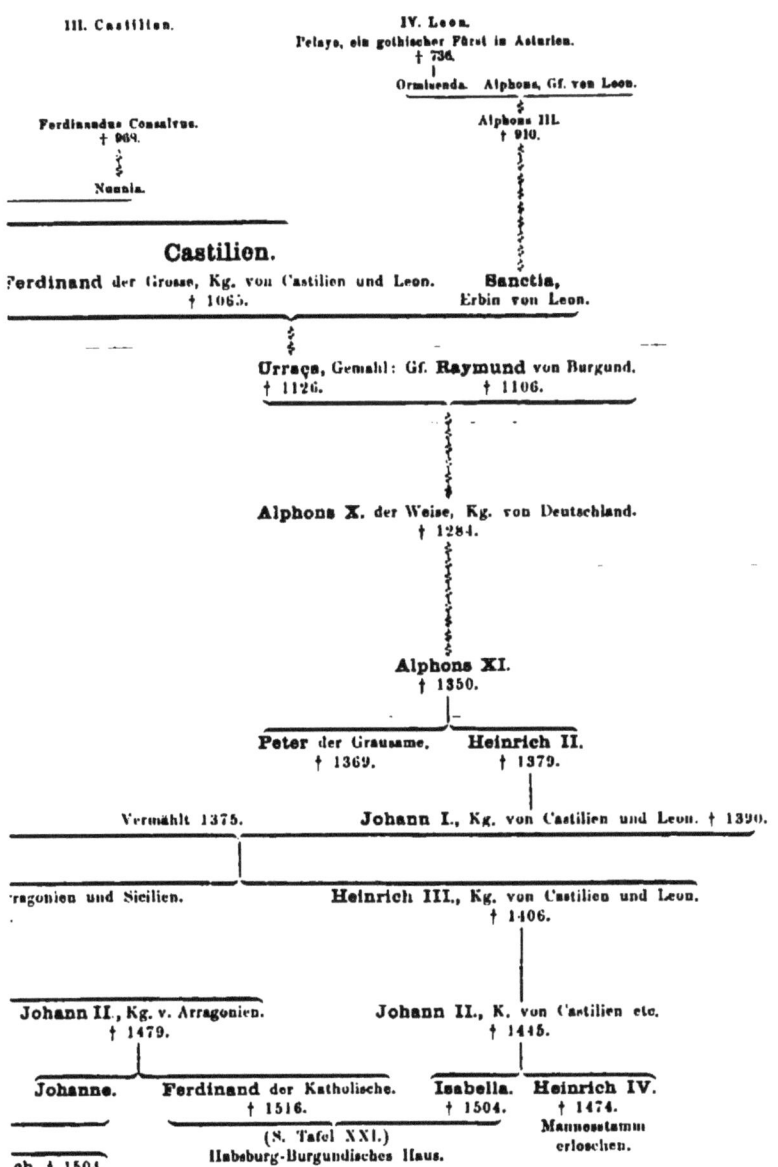

XII.—XVI. Jahrhundert.

Das burgundische Haus in Portugal

```
Ferdinand I., Kg. von Castilien.    Kg. Robert von Frankreich.    Arpaden.              Ludwig VIII
      † 1065.                              † 1033.
         |                                    |
    Alphons VI.                       Robert, Hg. von Burgund.    Stephan V.,          Ludwig
      † 1109.                              † 1075.                Kg. von Ungarn.      der Heilig
         |                                    |
      Theresie.                       Heinrich, Hg. von Burgund.
      † 1129.                              † 1066.
         |                                    |
                                      Heinrich, Gf. von Portugal.     Marie.
                                           † 1112.
              Alphons I., erster Kg. von Portugal.
                        † 1185.
```

I.

II.   **Peter** der Grausame.   Karl Martell,   Robe
           Kg. 1357. † 1367.   Kg. v. Ungarn. †1301.   Kg. v. Neapel

III.   **Ferdinand.**   **Johann** der Unechte.   Karl Robert,   Karl, Hg. v.
          † 1383.   † 1433.   Kg. v. Ungarn. † 1342.   † vor dem

                                     Ludwig der Grosse,   Johann
                                       Kg. v. Ungarn u. Polen.   Get. 1
                                             † 1382.

IV.   Eduard.   Marie, Erbin v. Ungarn.   Hedwig.
                   † 1438.   (S. Tafeln XI. und XXII. A

V.   Alphons V.
                  † 1481.

VI.   Johann II.   Emanuel.
             † 1495.   † 1521.

VII. Johann III. a) **Isabella.** Heinrich. Eduard.
     † 1557.   † 1539.   † 1580.   † 1540.

VIII. Johann.   b) Haus
    † vor dem Vater.   Braganza.

IX. **Sebastian.** Verschwindet in der Schlacht
     Kg. 1557.   von Alkazar 1578.

---

a) Portugal und Spanien.

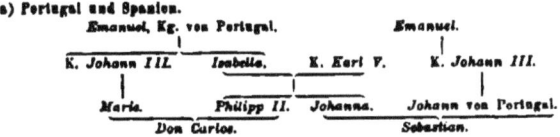

```
        Emanuel, Kg. von Portugal.              Emanuel.
                 |                                 |
   K. Johann III.   Isabella.   K. Karl V.     K. Johann III.
         |              |           |               |
       Maria.       Philipp II.   Johanna.    Johann von Portugal.
             Don Carlos.                  Sebastian.
```

Tafel XVI.

und die älteren und jüngeren Anjous.

Kg. von Frankreich. (Tafel XII.)
|
K., **Karl I. von Anjou,**
. Kg. von Neapel. † 1285.
Verliert Sicilien an Arragonien.
(Tafel XV.)

Karl II., Kg. von Neapel.
† 1309.

t, **Philipp,** **Johann**
† 1343. Prinz v. Tarent. v. Durazzo.

Prinzen von Tarent.

'alabrien. **Karl,** Hg. v. Durazzo. **Ludwig.** **Johann** der Gute, Kg. von Frankreich.
Vater. Hinger. 1347. † 1362. (S. Tafel XVII.)

. I. **Karl** der Kleine, **Ludwig I,** Hg. von Anjou,
52. Kg. v. Neapel u. v. von **Johanna I.** zum Erben in Neapel gesetzt.
Ung. Erschl. 1386. † 1384.

rbin v. Polen. **Ladislaus,** **Johanna II.,** **Ludwig II.,** Titularkönig von Neapel.
im.) Kg. v. Neapel. Kgn. v. Neapel. † 1417.
† 1414. † 1435.

Ludwig III., von Johanna II. **Renatus,** Hg. von Bar, **Karl,** Hg. v. Maine.
z. Kg. v. Neapel eingesetzt. † 1434. Praetend. v. Neapel. † 1480. † 1472.

Karl IV., Gf. v. Provence,
Praetendent v. Neapel, setzt
Kg. **Ludwig XII.** v. Frankreich
zu seinem Erben ein.

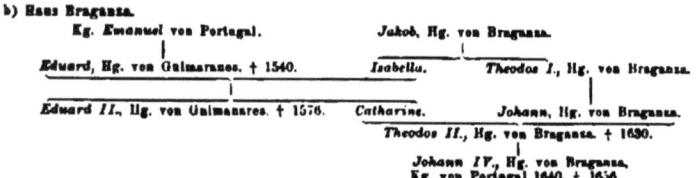

b) **Haus Braganza.**
Kg. *Emanuel* von Portugal. *Jakob,* Hg. von Braganza.
| |
Eduard, Hg. von Guimaraes. † 1540. *Isabella.* *Theodos I.,* Hg. von Braganza.
| |
Eduard II., Hg. von Guimaraes. † 1576. *Catharine.* *Johann,* Hg. von Braganza.
Theodos II., Hg. von Braganza. † 1630.

Johann IV., Hg. von Braganza,
Kg. von Portugal 1640. † 1656.

XIII.—XVII. Jahrhundert.

Navarra, Orléa

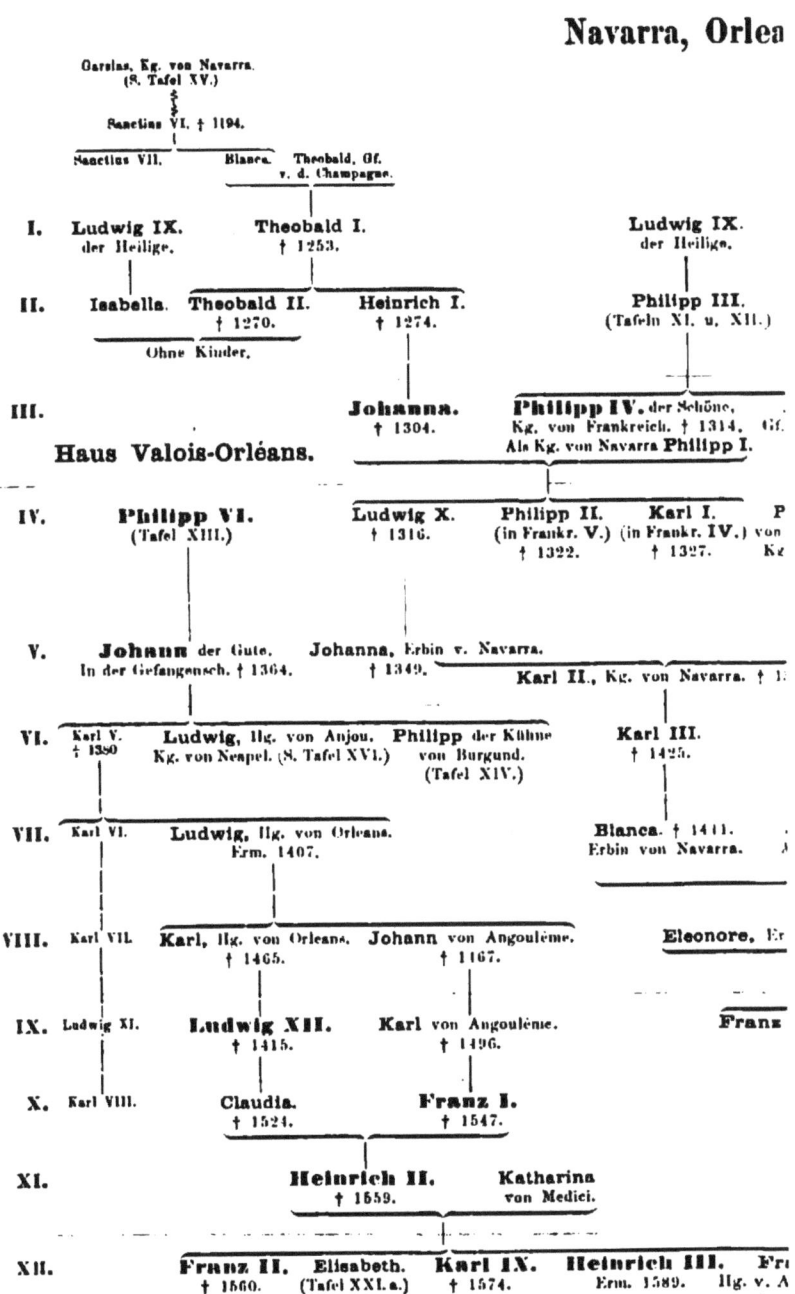

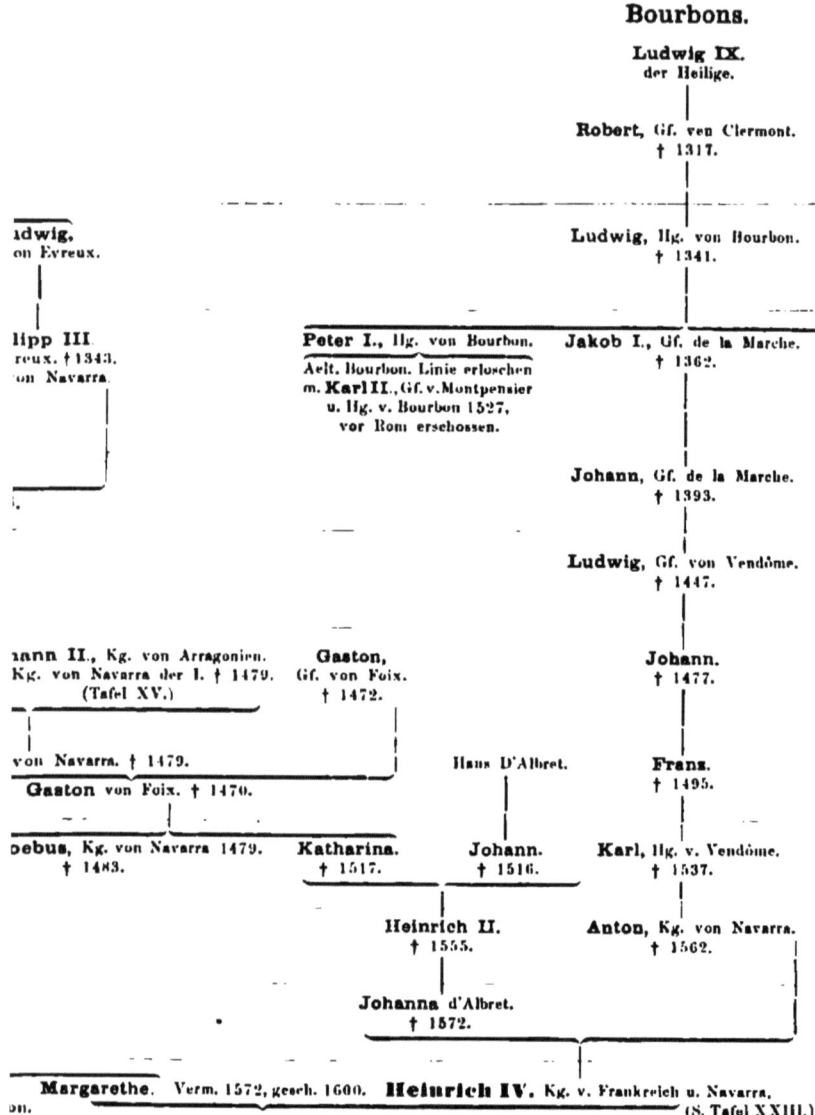

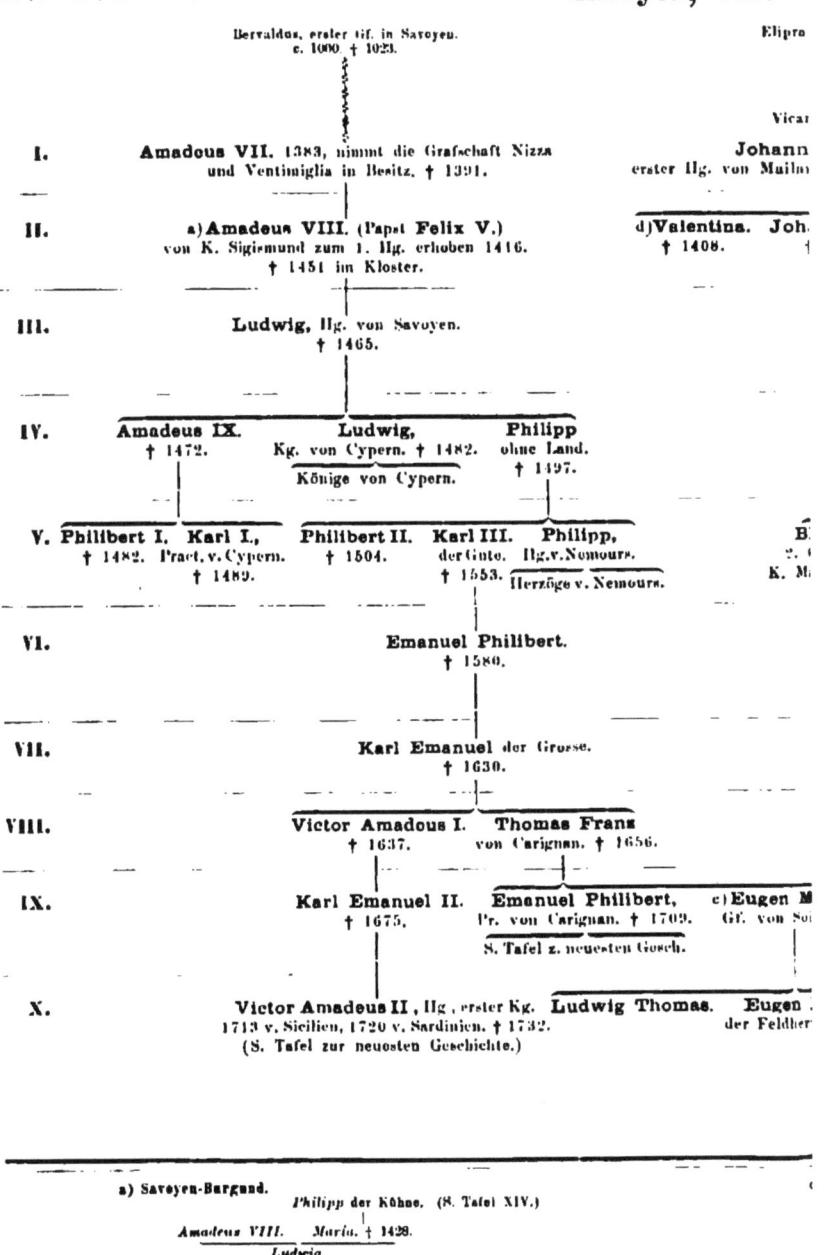

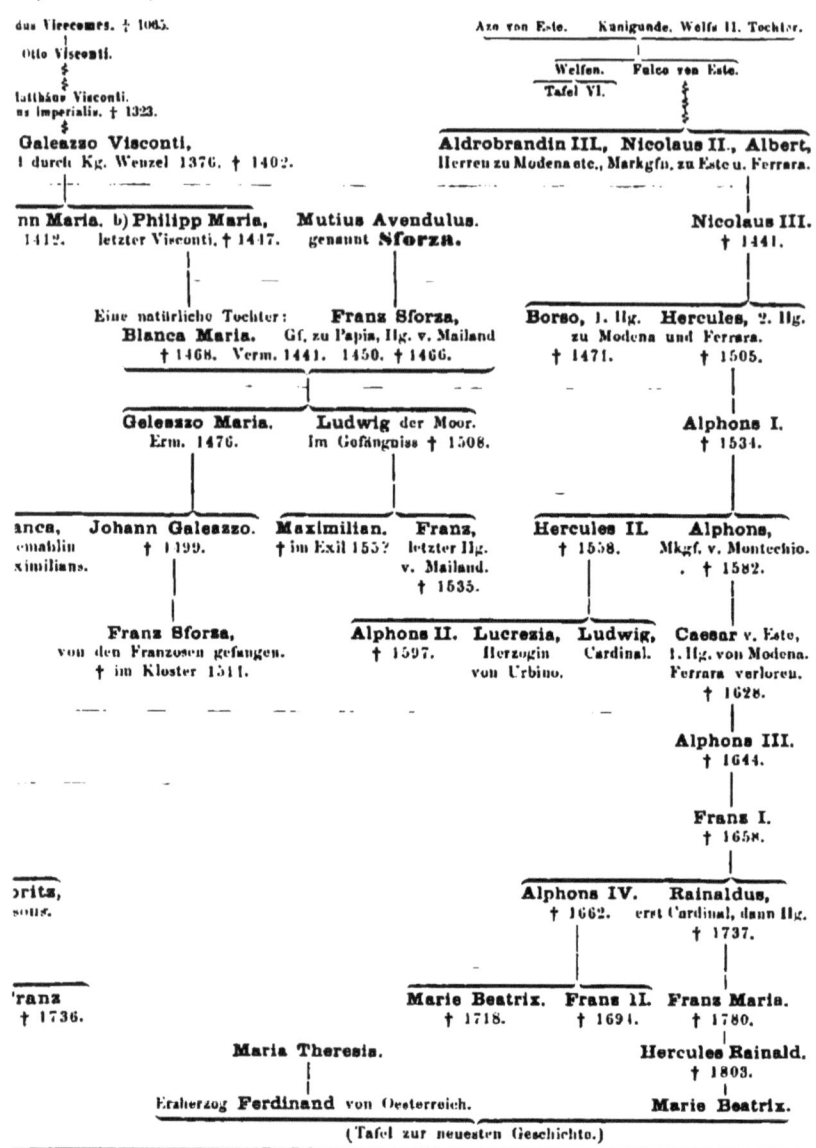

XV.—XVIII. Jahrhundert.

Medici, Rovere.

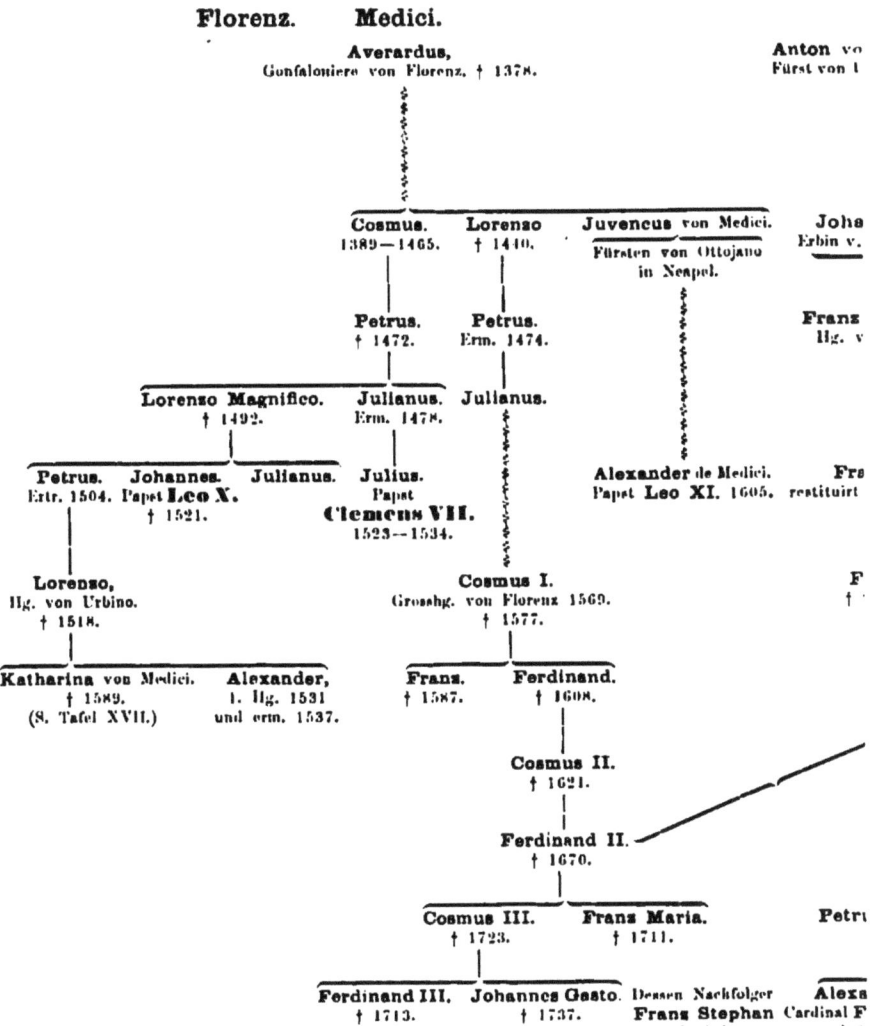

Tafel XIX.

Cibo, Farnese.

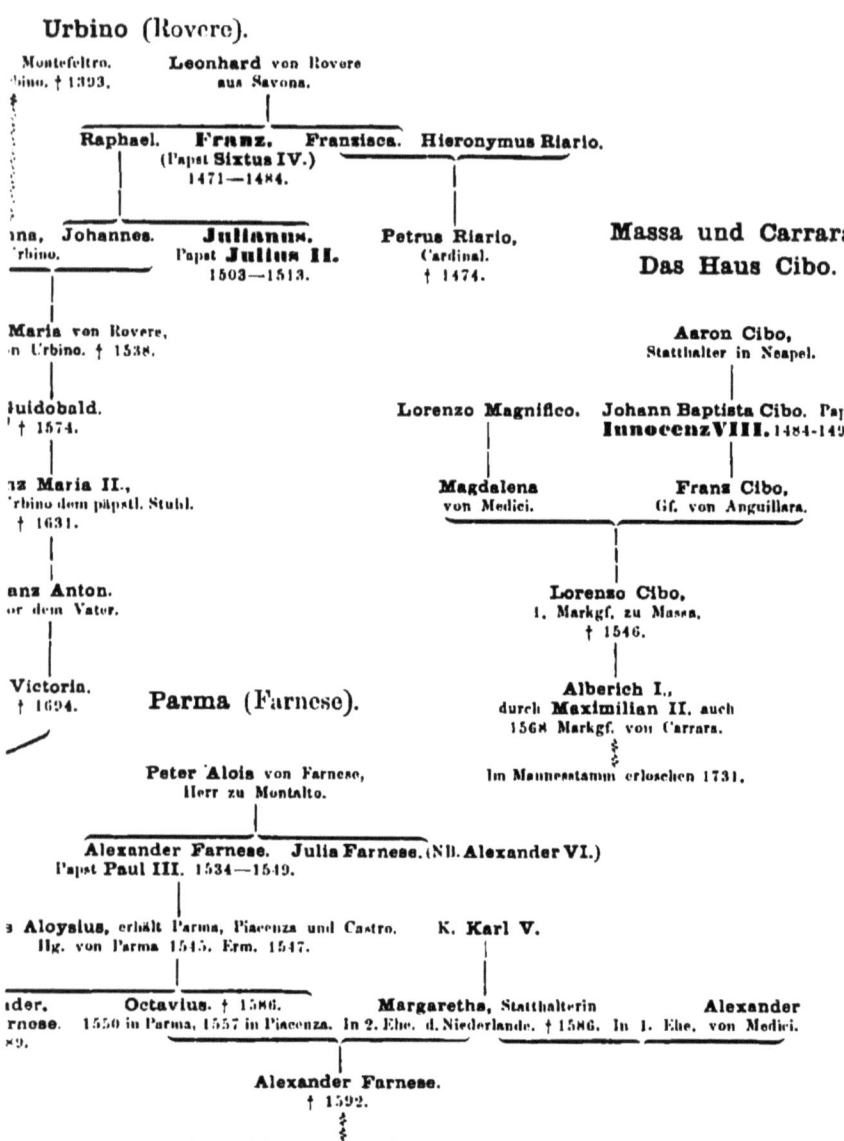

XV.– XVII. Jahrhundert.   **Die wichtigste**

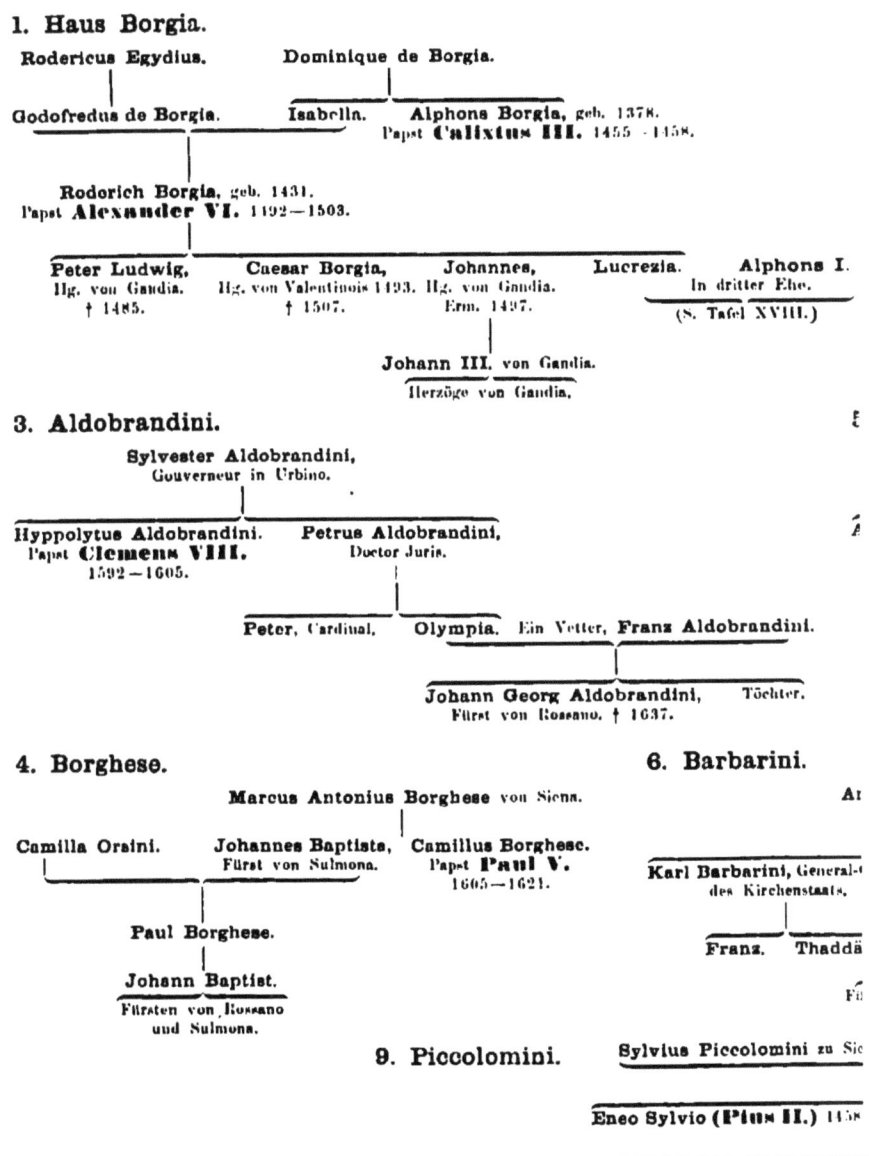

Papstfamilien.

Tafel XX.

2. Caraffa.

Philipp Caraffa de Spina.
† 1220 in Neapel.

Antonius. † 1438.

Fünf Söhne, der jüngste **Diomedes**, Gf. von Madeloni.

Johannes Antonius.

Johann Petrus.
Papst **Paul IV.** 1555—1559.

von Este.

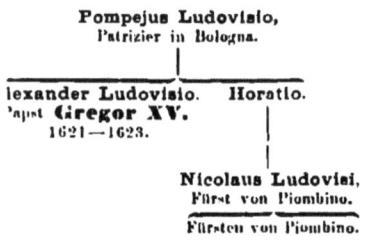

Ludovisi.

Pompejus Ludovisio,
Patrizier in Bologna.

Alexander Ludovisio.   Horatio.
Papst **Gregor XV.**
1621—1623.

Nicolaus Ludovisi,
Fürst von Piombino.

Fürsten von Piombino.

7. Pamfilio.

Pamfilius Cirio.
1630.

Camillus.

Pamfilio.   Johannes Baptista Pamfilio.
Papst **Innocenz X.**
1644—1655.

Camillo Pamfilio.

Johannes Baptista,
Fürst von Carpinetti
und Belvedere.

Fürsten von Carpinetti.

tonius Barbarini
von Florenz.

apitain   Maffaeus Barbarini.
Papst **Urban VIII.** 1623—1644.

is, Fürst von Palaestrina.
† 1647.

sten von Palaestrina.

8. Chigi.

Flavius Chigi von Siena.

Augustus Chigi.   Fabius Chigi,
Nuntius b. Frieden zu Münster.
Papst **Alexander VII.**
1655—1667.

Augustinus Chigi
erhält die Herrschaft Farnese.

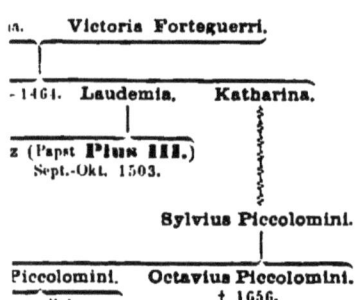

a.   Victoria Forteguerri.

—1464. Laudemia.   Katharina.

z (Papst **Pius III.**)
Sept.-Okt. 1503.

Sylvius Piccolomini.

Piccolomini.   Octavius Piccolomini.
† 1656.

XVI. und XVII. Jahrhundert. Spanisch-Habsburgisches I

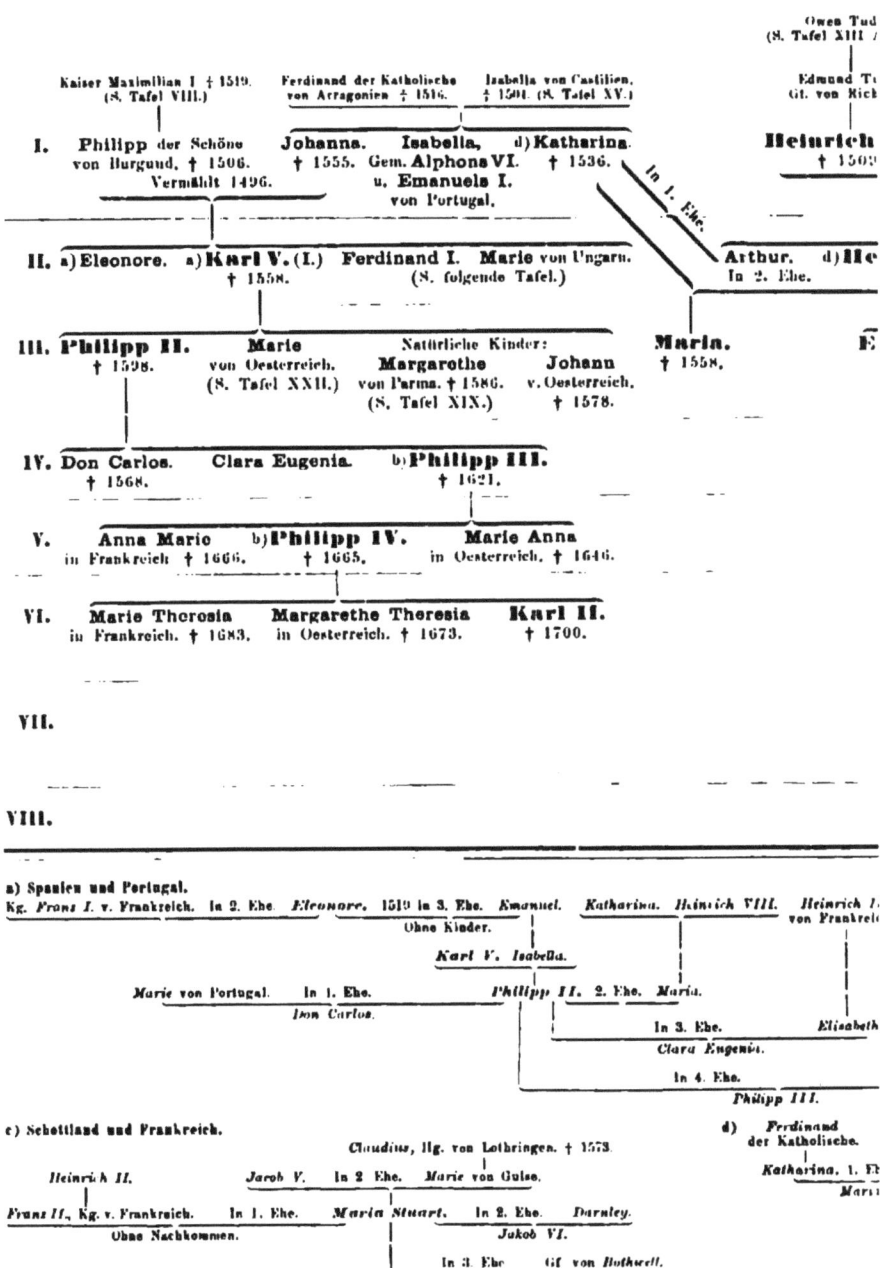

Tafel XXI.

laus, Tudors und Stuarts.

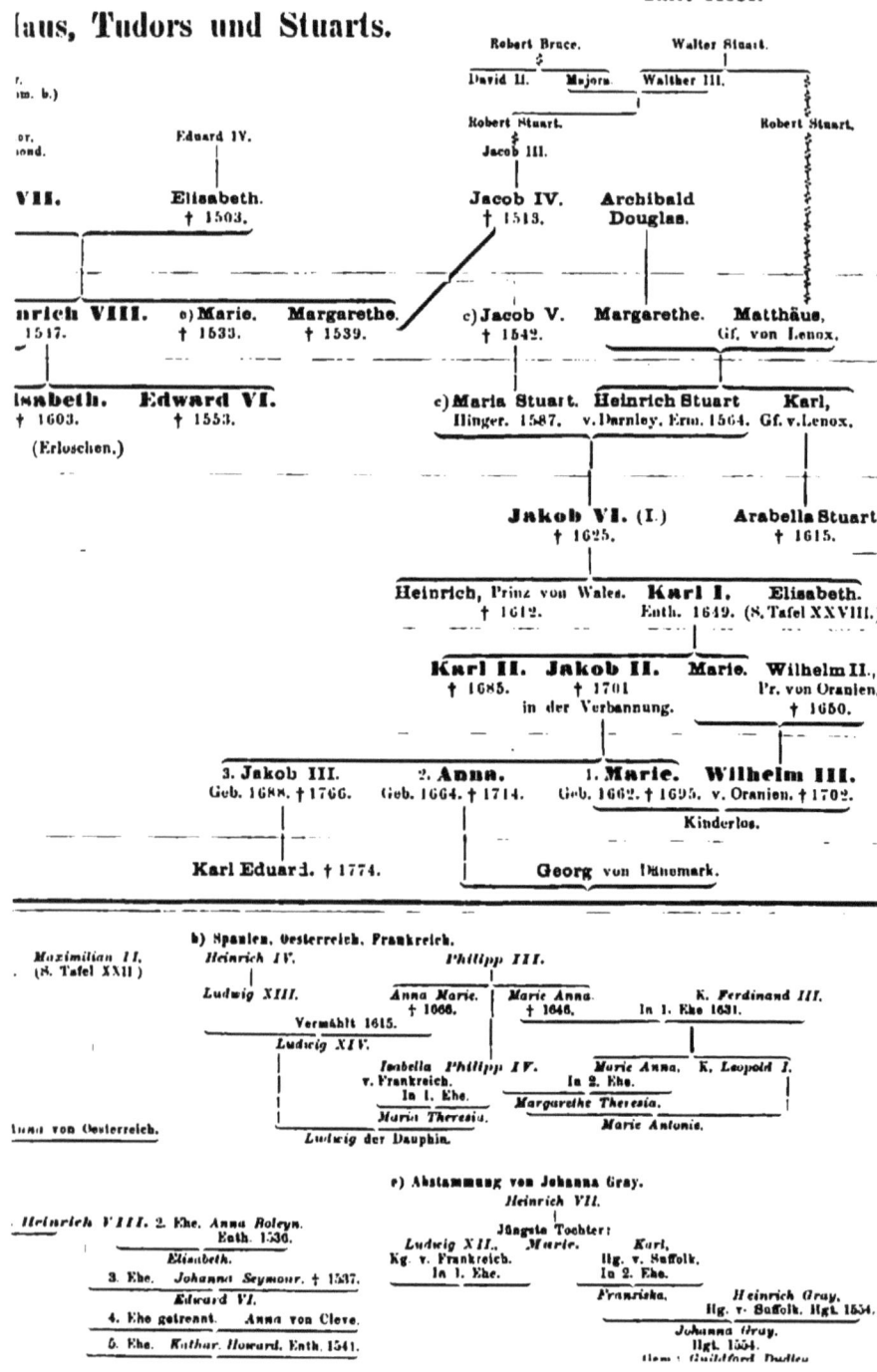

XVI., XVII., XVIII. Jahrhundert.

Baierisches, Oesterreichisch

Herzöge von Baiern.

I.	Albrecht IV. † 1508. (S. Tafel VIII.)		Philipp der Schöne.	Joh
II.	Wilhelm IV. † 1550.	Karl V.	**Ferdinand I.** † 1564.	
III.	Albrecht V. † 1579.	a) **Maximilian II.** † 1576.	Ferdinand von Tirol. Markgrafen v. Burgau.	
IV.	Wilhelm V. Dankt ab 1597. † 1626.	**Rudolf II.** † 1612.	Ernst. † 1595.	**Matthias.** † 1619.	Max. † 1618.	Albert. † 1621.
V.	Maximilian I, Kurfürst. † 1651.	**Ferdinand III.** † 1657.	Marie Anna in Baiern. † 1665.	Leo
VI.	c) Ferdinand Maria. † 1679.	Ferdinand Franz IV. † 1654.	**Leopold I.** † 1705.	In Zwe
		Aus 1. Ehe.	Aus 3. Ehe.	
VII.	Maximilian II. † 1726.	c) Marie Antonia.	**Joseph I.** † 1711.	**Karl VI.** † 1740.
VIII.	**Karl VII.** Albert. † 1745.	Marie Josepha. † 1757. Gem. August III. v. Polen, Kurf. v Sachsen.	Marie Amalia. † 1756. Gem. K. Karl VII.	Leopold. Geb. u. † 1716.	Mari
IX.	Maximilian Joseph. † 1777. (Letzter Spross.) Baiern an Pfalz. (S. Tafel XXVIII.)			

---

a) Oesterreich und Spanien. (S auch Tafel XXI.)
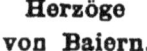

b) Oesterreich und Ungarn und Polen.
Haus Anjou.
Ludwig der Grosse.
K. Sigismund. Maria. Hedwig.
Kg. Albert II. Elisabeth. Wladislaw.
† bei Varna 14-
Ladislaus. Elisabeth. Vern. 1454.
(S. Tafel VIII.) Wladislaus, Kg. von Ungar
Maria von Spanien. † 1558. Ludwig II. A
(S. Tafel XXI.) † bei Mohacs † I
1526.

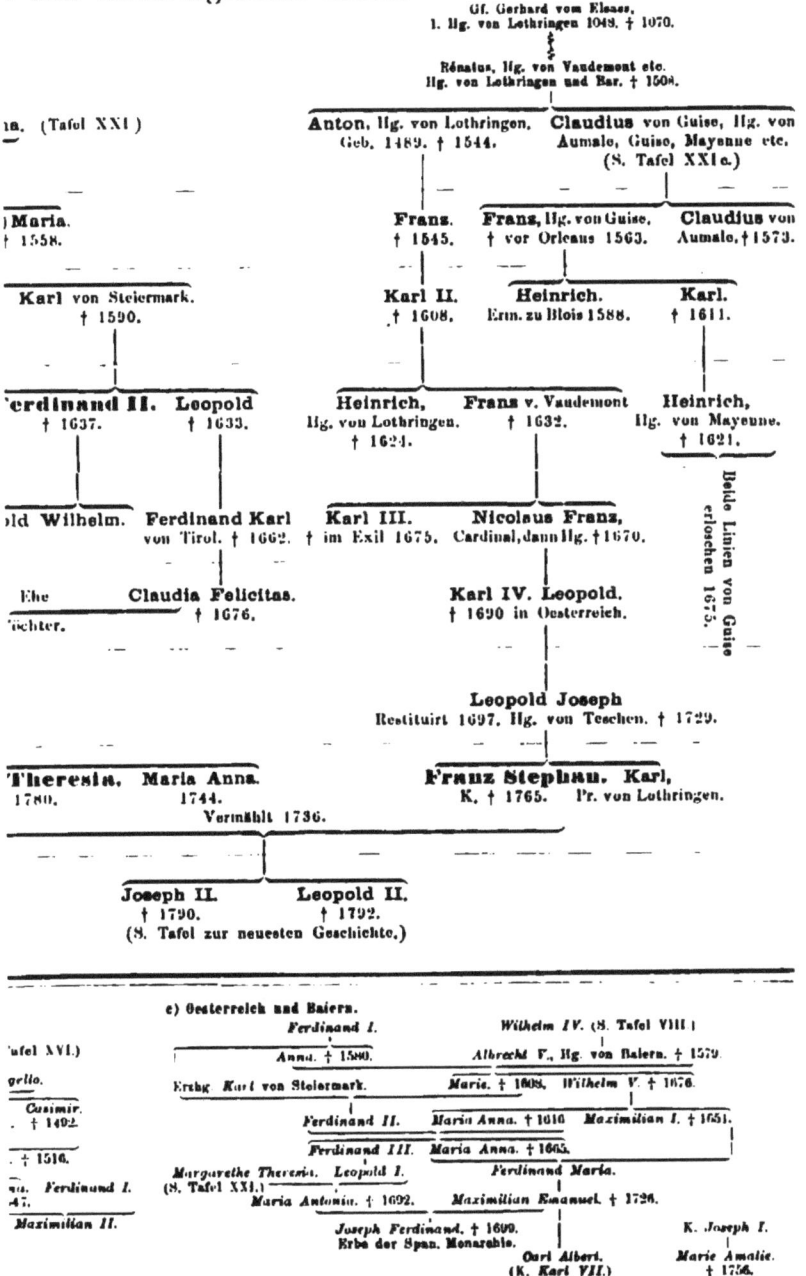

XVII.—XIX. Jahrhundert.

Alle Bourb[onen]

I.				**Heinrich IV.** Erm. 1610.	
II.	a) **Ludwig XIII.** † 1643.				
III.	a) **Ludwig XIV.** † 1715.				
IV.	Ludwig. † 1711.				
V.	Ludwig, Dauphin seit 1711, Hg. von Bourgogne. † 1712.				b) K
VI.	a) **Ludwig XV.** † 1774.			**Ludwig,** Kg. 1724. † 1724.	**Ferdinand** † 1759.
VII.	Ludwig, Dauphin. † 1765.			**Karl IV.,** Kg. von Spanien. † 1819.	
VIII.	**Ludwig XVI.** † 1793.	**Ludwig XVIII.** † 1824.	**Karl X.** † 1836.	Karl.	**Ferdinand** † 1833.
	Ludwig XVII. † 1795. (S. Neueste Geschichte.)				**Isabella I** (S. Neueste Geschi[chte])

a) Die Königinnen von Frankreich.
　　　　K. Philipp III. (S. Tafel XXI.)
Philipp IV.　　Anna Maria.　　Ludwig XIII.
Maria Theresia.　　Ludwig XIV.
　　　　　　　Stanislaus.　(S. Tafel XXIV.)
　Ludwig XV.　　Marie Leszynska.　　Kaiserin Maria Theresia.
　　　　　Ludwig XVI.　　Marie Antoinette.
　　　　　　　Ludwig XVII.

b) Die Königi[nnen]

Hg. Philipp v[on]
Louise Marie
Ferdi[nand]

Tafel XXIII.

onischen Linien.

Maria von Medici. (S. Tafel XVII.)

Gaston, Hg. von Orléans. † 1660.

Karl Ludwig von der Pfalz.

Philipp I., Hg. von Orléans. † 1701.

Charlotte Elisabeth † 1721.

Philipp II., Hg. von Chartres. Regent. † 1723.

Spanien.

Parma.

Ludwig, Hg. von Chartres und Orléans. † 1752.

Philipp, Hg. von Anjou, von Spanien. (V.) † 1746.

VI. b) **Karl III.**, Hg. in Parma, Kg. in Sicilien u. Spanien. † 1788.

Philipp in Parma. † 1765.

Ludwig Philipp. † 1785.

a) Ferdinand I., Kg. von Sicilien. † 1825.

Ferdinand I. † 1802.

Ludwig Philipp Egalité. Guillotinirt 1793.

III. Franz I. † 1830.

Ludwig I. † 1803.

Ludwig Philipp I., Kg. von Frankreich. † 1850. (S. Neueste Gesch.)

I. Ferdinand II † 1859.

Karl II. Resignirt 1849.

Sicilien.

Franz II.

Karl III. Erm. 1854.

men von Spanien.

Hg. Odoardo von Parma.

Philipp von Anjou.

Elisabeth von Parma.

August III.

Marie Amalie von Sachsen (Polen). Karl III.

Parma.

Parma.

K Franz I.

Therese. Karl IV.

Ferdinand von Sicilien.

Marie Caroline.

nd VII.

In 4. Ehe. Isabella II.

Marie Christine.

Schweden

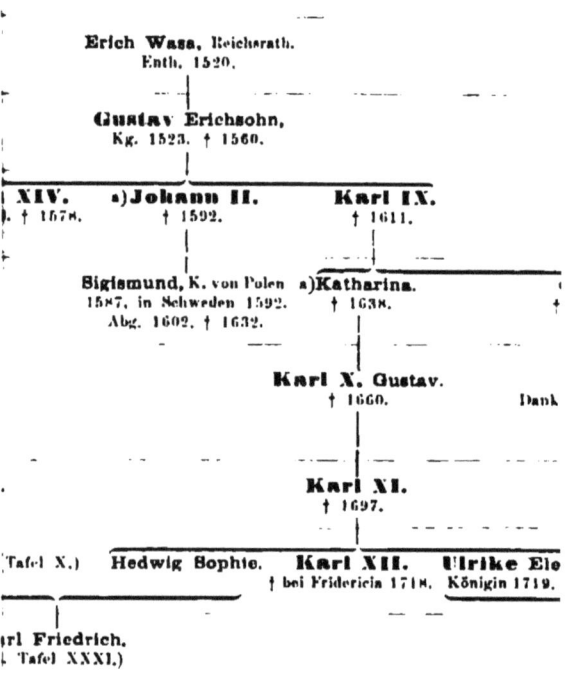

Wasa-Könige.

Erich Wasa, Reichsrath.
Enth. 1520.

Gustav Erichsohn,
Kg. 1523. † 1560.

XIV. a) Johann II.   Karl IX.
† 1578.   † 1592.   † 1611.

Sigismund, K. von Polen   a) Katharina.
1587, in Schweden 1592.   † 1638.
Abg. 1602. † 1632.

Karl X. Gustav.
† 1660.   Dank

Karl XI.
† 1697.

(Tafel X.) Hedwig Sophie. Karl XII.   Ulrike Ele
                            † bei Fridericia 1718. Königin 1719.

rl Friedrich,
Tafel XXXI.)

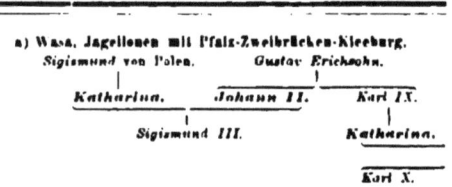

a) Wasa, Jagellonen mit Pfalz-Zweibrücken-Kleeburg.
Sigismund von Polen.   Gustav Erichsohn.
   Katharina.   Johann II.   Karl IX.
       Sigismund III.   Katharina.
                                    Karl X.

ınd Polen.

Litthauen.

Jagello (Wladisl
† 1434.

Wladislaw,   O
K. v. Ungarn u. Polen. † 1444.

Wladislaw,   Johann Albert.   Alexander
K.v.Ungarn u. Polen. † 1522.   † 1501.   † 1506.

Sigismund II. August
† 1572.

ustav Adolf
ei Lützen 1632.

Haus Sobiesky.

hristine.   Johann Sobiesky.   V
ab 1654. † 1689.   † 1646.   Sig

B

Hessen-Cassel.   Johann III. Sobiesky.   J
Kg. 1674. † 1696.

nore.   Friedrich, Erbprinz.   Jacob   Constantin
1743.   † 1751.   Ludwig.   Wladislaus.

Hau

1;

Johann der Aeltere in Zweibrücken. † 1604.

Johann Casimir, Pfalzgf. von Zweibrücken-Kleeburg.

Linie Zweibrücken-Kleeburg.

XV.—XVIII. Jahrhundert.

Hohenzollern in Brandenbu[rg]

I.			Friedrich VI., Burggraf von N[ürnberg] † 1440.	
II.	Johann der Alchymist. † 1464.		Friedrich II. Dankt ab 1470. † 1471.	Albrec[ht]
III.	Johann Cicero. † 1499.			Friedri[ch] Markgf. zu Ansbac[h]
				Culmbach-Bayreu[th]
IV.	Joachim I. Nestor. † 1535.	Albrecht, Cardinal, Kurfürst von Mainz. † 1545.		Casimir. † 1527.
V.	Joachim II. Hector. † 1571.	Johann I., Markgf. zu Cüstrin. † 1571.		Albrecht Alci[biades] † 1557.
VI.	a) Johann Georg. † 1598.	Friedrich, Sigismund, Erzbischöfe von Magdeburg.		
				a.
VII.	a) Joachim Friedrich. † 1608.			Cb
	Preussen.	Jägerndorf.		
VIII.	Johann Sigismund. † 1619.	Johann Georg. † 1624 in der Reichsacht.	Christian Wilhelm, Erzb. v. Magdeburg. † 1665.	Erdmann August † 1651.
IX.	Georg Wilhelm. † 1640.			Christian Ernst. † 1712.
	Friedrich Wilhelm der grosse Kurfürst. † 1688. (Tafel XXVI.)			Georg Wilhelm. † 1726.

a) Brandenburg, Preussen, Jülich, Berg, Cleve.

	Johann I. von Cüstrin.	Johann Georg. Albr[echt]
	Katharina. In 1. Ehe.	Joachim-Friedrich. In 2. Ehe
	Johann Sigismund.	Kinderlo[s].
Friedrich IV. v. d. Pfalz.		Vermählt 1594.
Elisabeth Charlotte. † 1660.		Georg Wilhelm.
	Der grosse Kurfürst.	

Tafel XXV.

rg, Franken und Preussen.

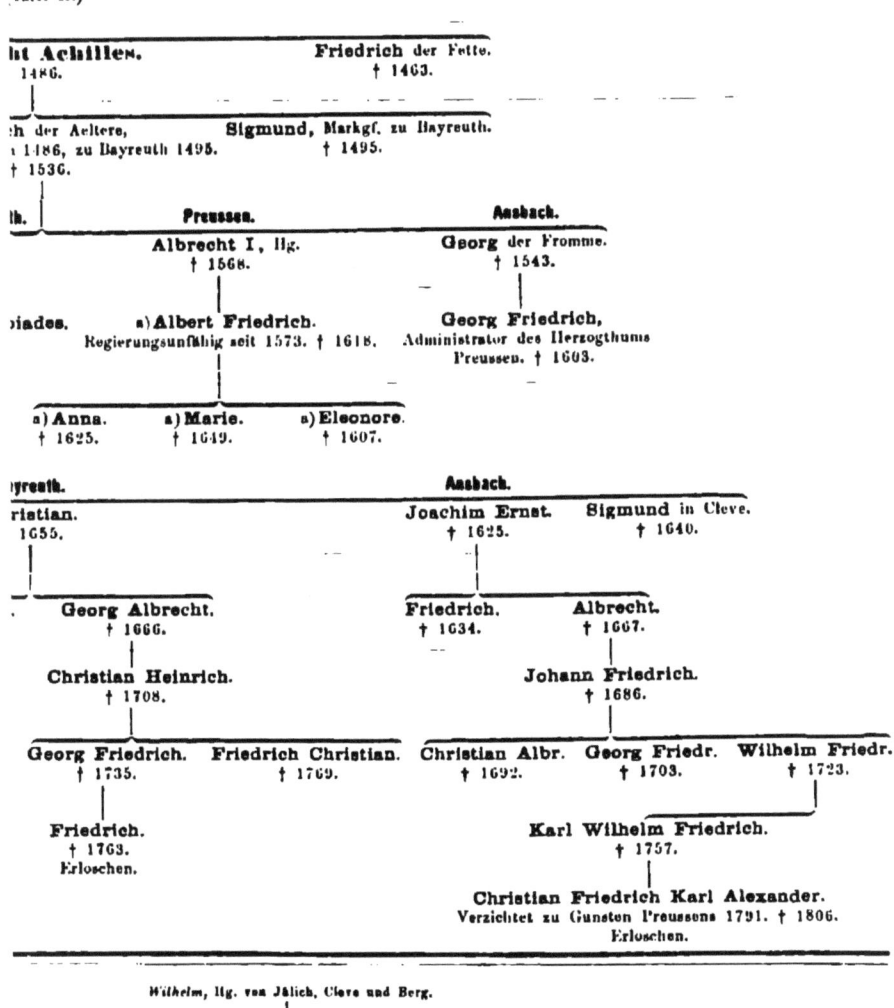

XVII.—XIX. Jahrhundert.

Preussen un

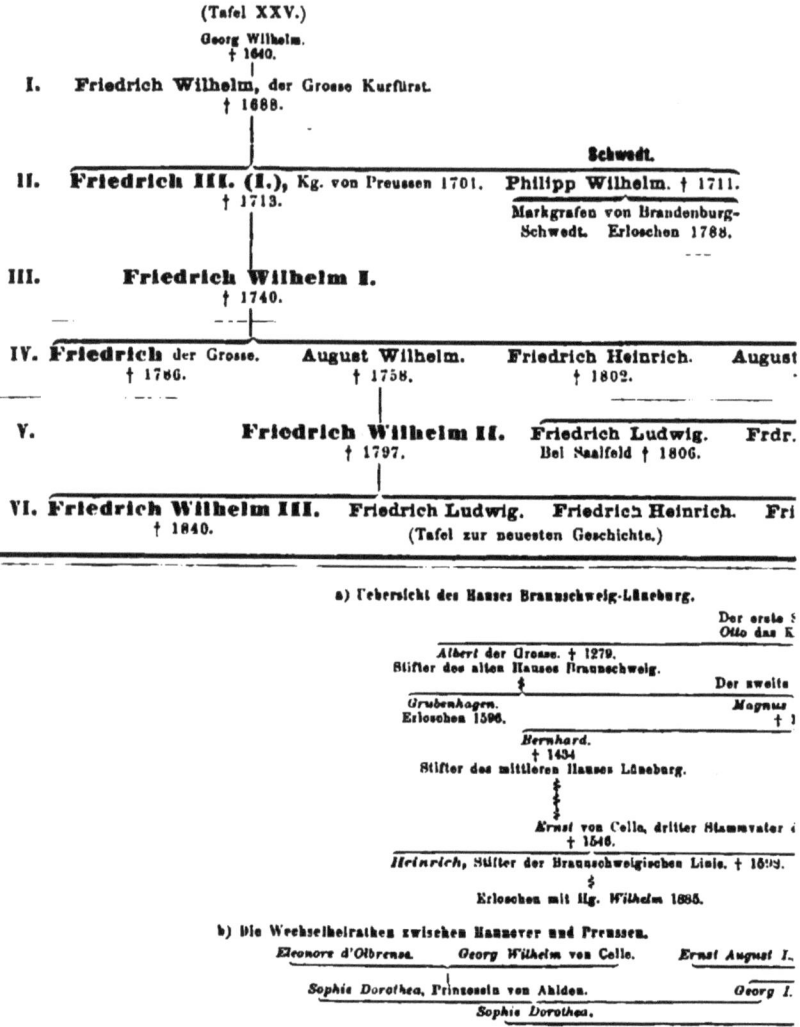

Tafel XXVI.

Hannover.

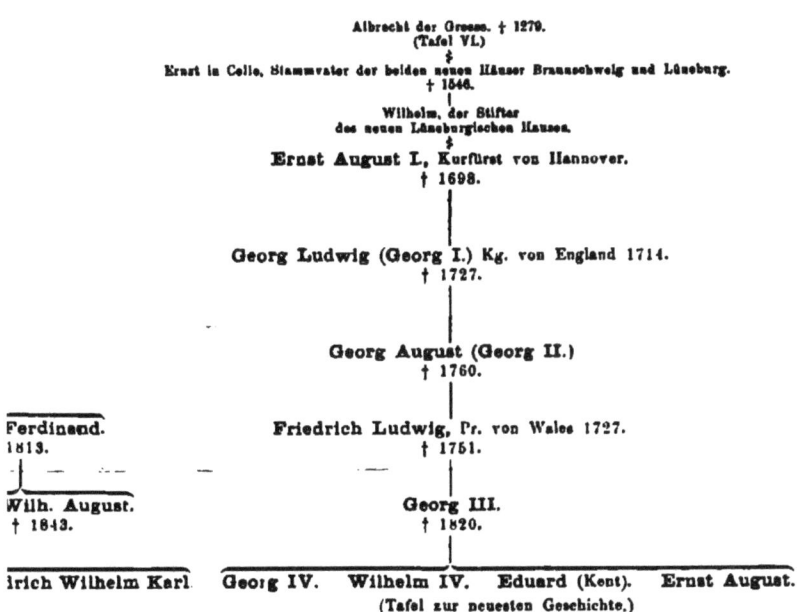

Albrecht der Grosse. † 1279.
(Tafel VI.)

Ernst in Celle, Stammvater der beiden neuen Häuser Braunschweig und Lüneburg.
† 1546.

Wilhelm, der Stifter
des neuen Lüneburgischen Hauses.

Ernst August I., Kurfürst von Hannover.
† 1698.

Georg Ludwig (Georg I.) Kg. von England 1714.
† 1727.

Georg August (Georg II.)
† 1760.

Ferdinand.   Friedrich Ludwig, Pr. von Wales 1727.
1813.   † 1751.

Wilh. August. Georg III.
† 1843.   † 1820.

Irich Wilhelm Karl. Georg IV. Wilhelm IV. Eduard (Kent). Ernst August.
                                (Tafel zur neuesten Geschichte.)

XVI.—XIX. Jahrhundert.

Die Sächsischen und

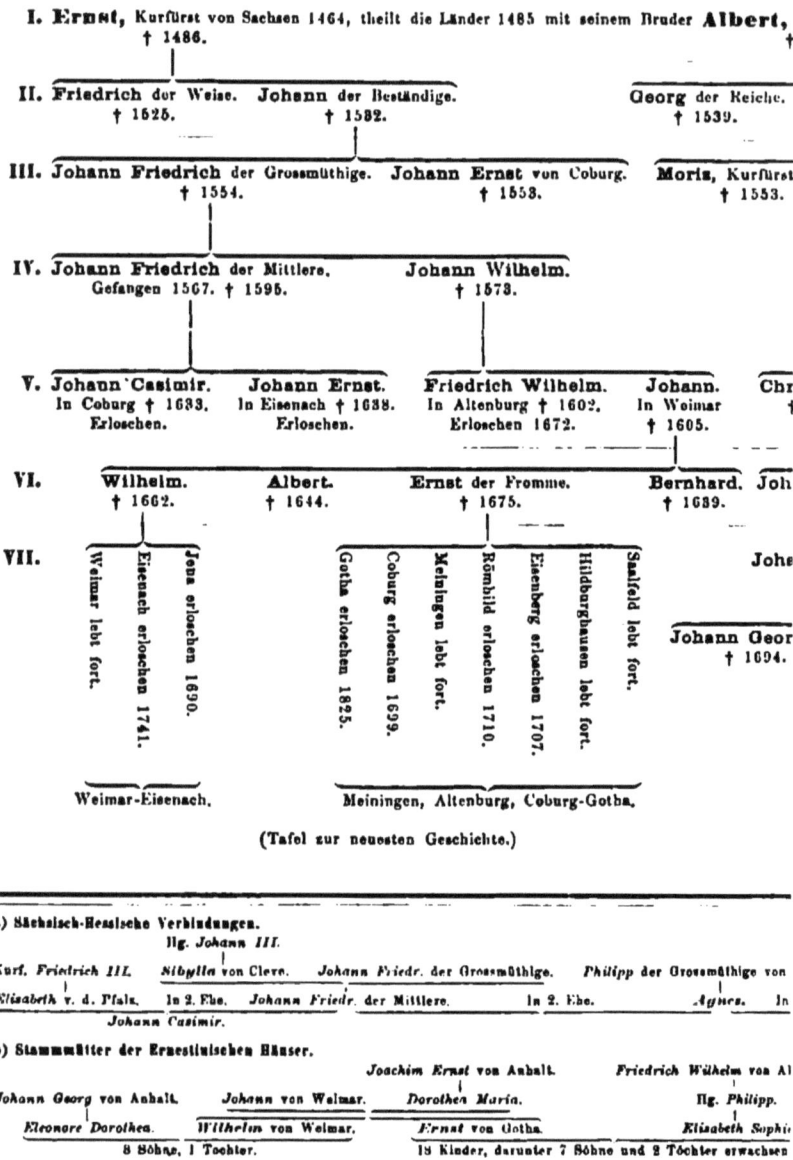

I. **Ernst**, Kurfürst von Sachsen 1464, theilt die Länder 1485 mit seinem Bruder **Albert**, † 1486.

II. Friedrich der Weise † 1525.   Johann der Beständige † 1532.   Georg der Reiche † 1539.

III. Johann Friedrich der Grossmüthige † 1554.   Johann Ernst von Coburg † 1553.   Moriz, Kurfürst † 1553.

IV. Johann Friedrich der Mittlere. Gefangen 1567. † 1595.   Johann Wilhelm † 1573.

V. Johann Casimir. In Coburg † 1633. Erloschen.   Johann Ernst. In Eisenach † 1638. Erloschen.   Friedrich Wilhelm. In Altenburg † 1602. Erloschen 1672.   Johann. In Weimar † 1605.   Chr

VI. Wilhelm † 1662.   Albert † 1644.   Ernst der Fromme † 1675.   Bernhard † 1639.   Joh

VII. Weimar lebt fort.   Eisenach erloschen 1741.   Jena erloschen 1690.   Gotha erloschen 1825.   Coburg erloschen 1699.   Meiningen lebt fort.   Römhild erloschen 1710.   Eisenberg erloschen 1707.   Hildburghausen lebt fort.   Saalfeld lebt fort.   Joha

Johann Georg † 1694.

Weimar-Eisenach.   Meiningen, Altenburg, Coburg-Gotha.

(Tafel zur neuesten Geschichte.)

a) Sächsisch-Hessische Verbindungen.
Hg. Johann III.

Kurf. Friedrich III.	Sibylla von Cleve.	Johann Friedr. der Grossmüthige.	Philipp der Grossmüthige von
Elisabeth v. d. Pfalz.	In 2. Ehe.	Johann Friedr. der Mittlere.	In 2. Ehe. Agnes. In
	Johann Casimir.		

b) Stammmütter der Ernestinischen Häuser.

		Joachim Ernst von Anhalt.	Friedrich Wilhelm von Al
Johann Georg von Anhalt.	Johann von Weimar.	Dorothea Maria.	Hg. Philipp.
Eleonore Dorothea.	Wilhelm von Weimar.	Ernst von Gotha.	Elisabeth Sophi
8 Söhne, 1 Tochter.		18 Kinder, darunter 7 Söhne und 2 Töchter erwachsen

Tafel XXVII.

Hessischen Häuser.

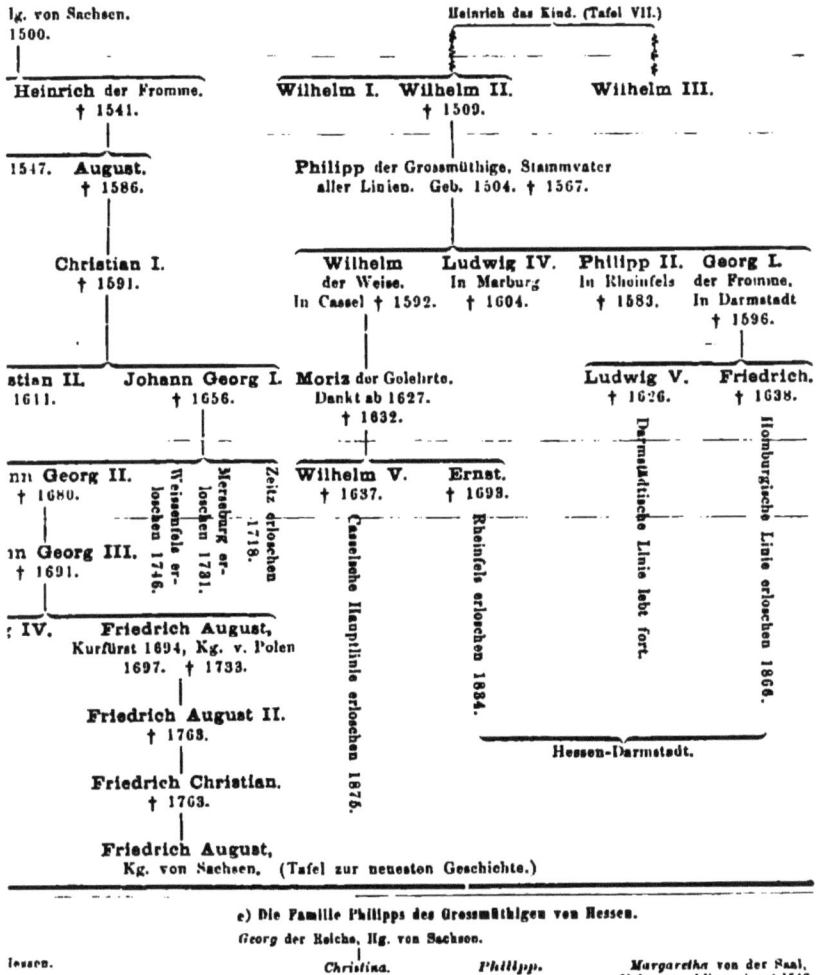

XV.—XVIII. Jahrhundert.

Pfälzisches Haus

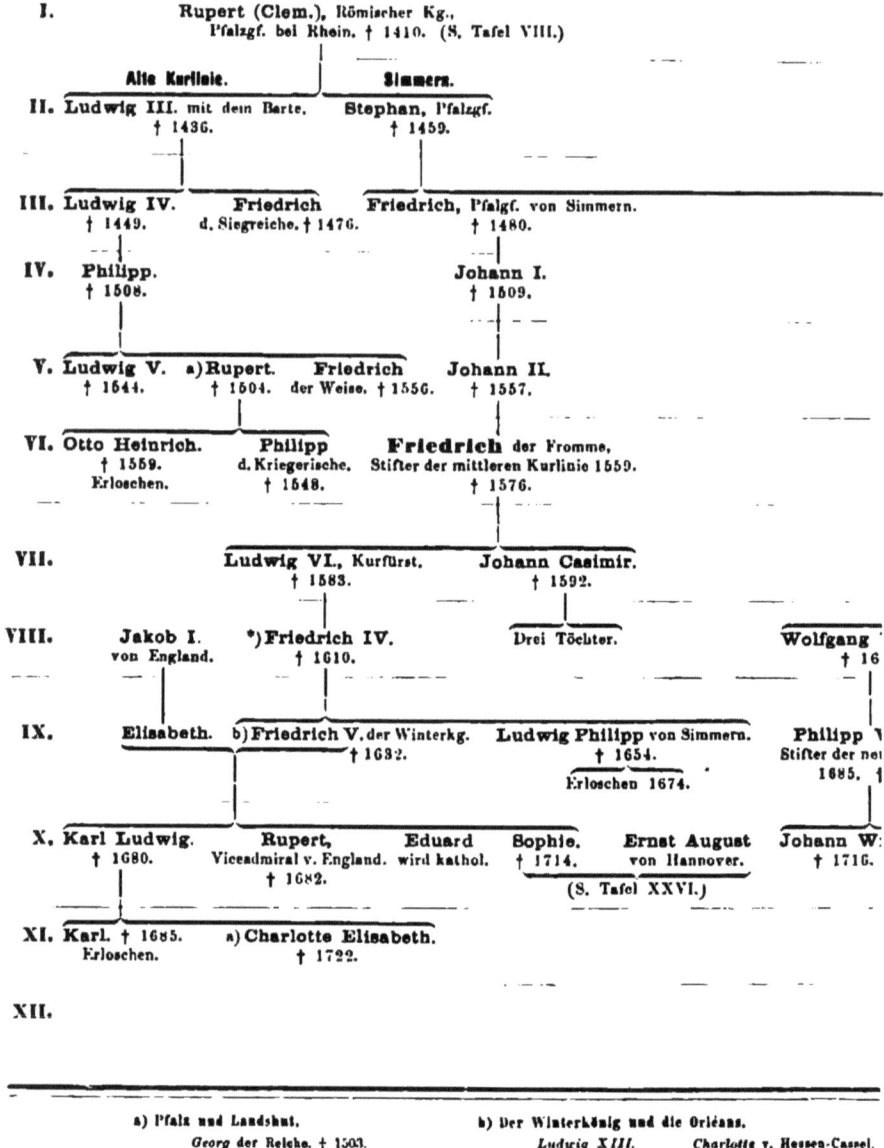

Tafel XXVIII.

in allen Linien.

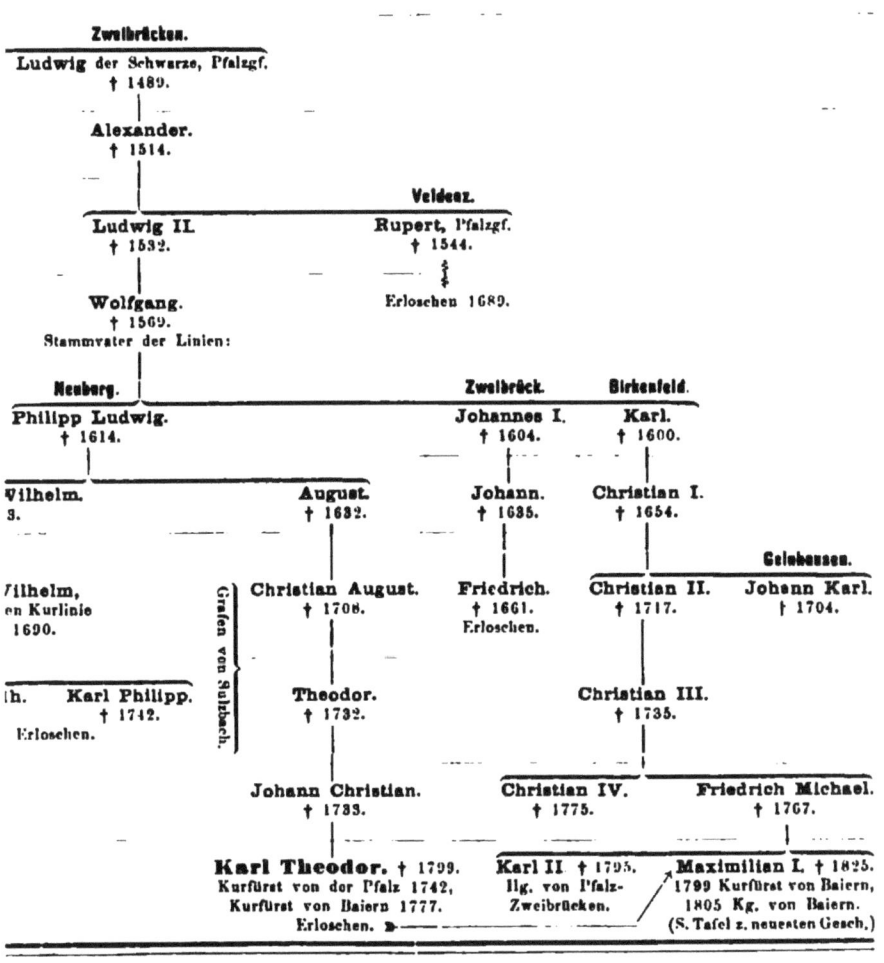

XV.—XIX. Jahrhundert.

Würtemberg

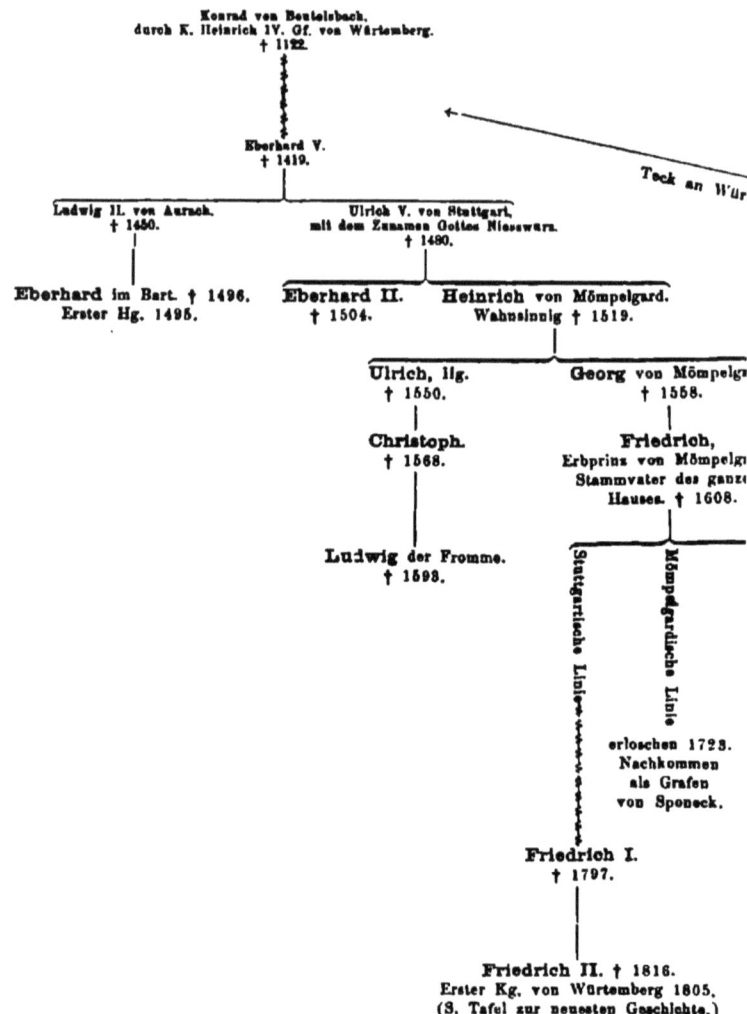

Konrad von Beutelsbach,
durch K. Heinrich IV. Gf. von Würtemberg.
† 1122.

Eberhard V.
† 1419.

Teck an Wür.

Ludwig II. von Aurach.
† 1450.

Ulrich V. von Stuttgart,
mit dem Zunamen Gottes Niesswern.
† 1480.

Eberhard im Bart. † 1496.
Erster Hg. 1495.

Eberhard II.
† 1504.

Heinrich von Mömpelgard.
Wahnsinnig † 1519.

Ulrich, Hg.
† 1550.

Georg von Mömpelg.
† 1558.

Christoph.
† 1568.

Friedrich,
Erbprinz von Mömpelg.
Stammvater des ganze
Hauses. † 1608.

Ludwig der Fromme.
† 1593.

Stuttgartische Linie

Mömpelgardische Linie

erloschen 1723.
Nachkommen
als Grafen
von Sponeck.

Friedrich I.
† 1797.

Friedrich II. † 1816.
Erster Kg. von Würtemberg 1805.
(S. Tafel zur neuesten Geschichte.)

Tafel XXIX.

und Baden.

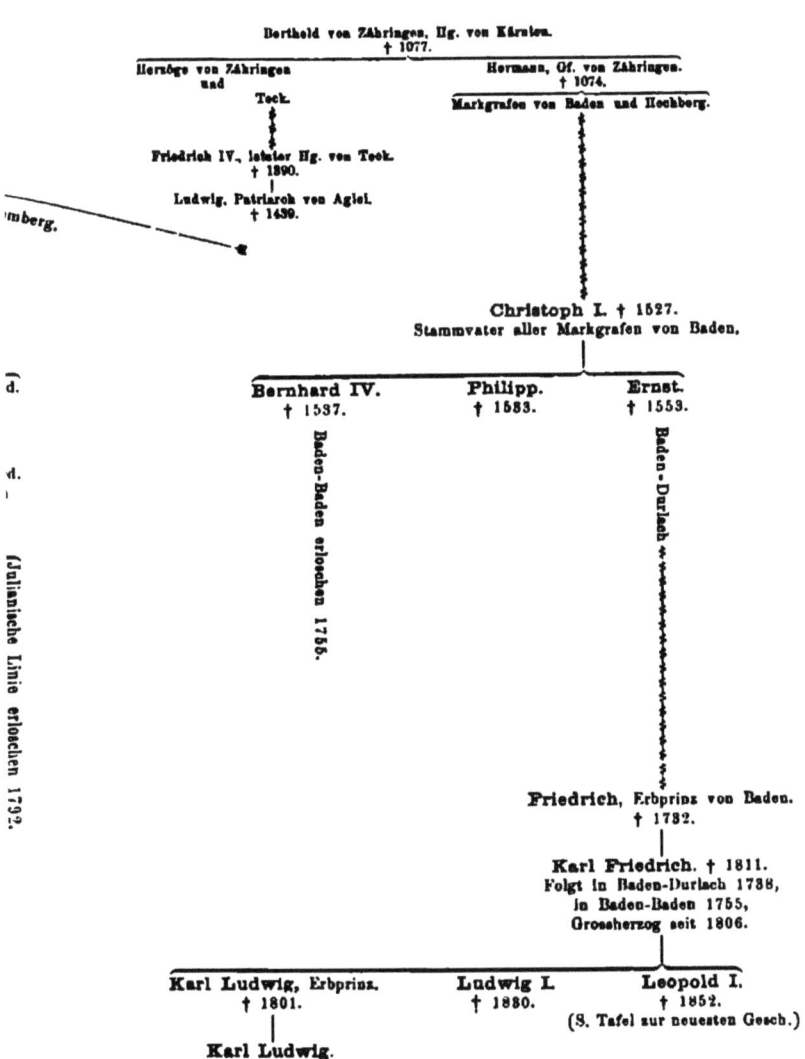

XVI.—XIX. Jahrhundert.

Nassau-Weilburg und Nas

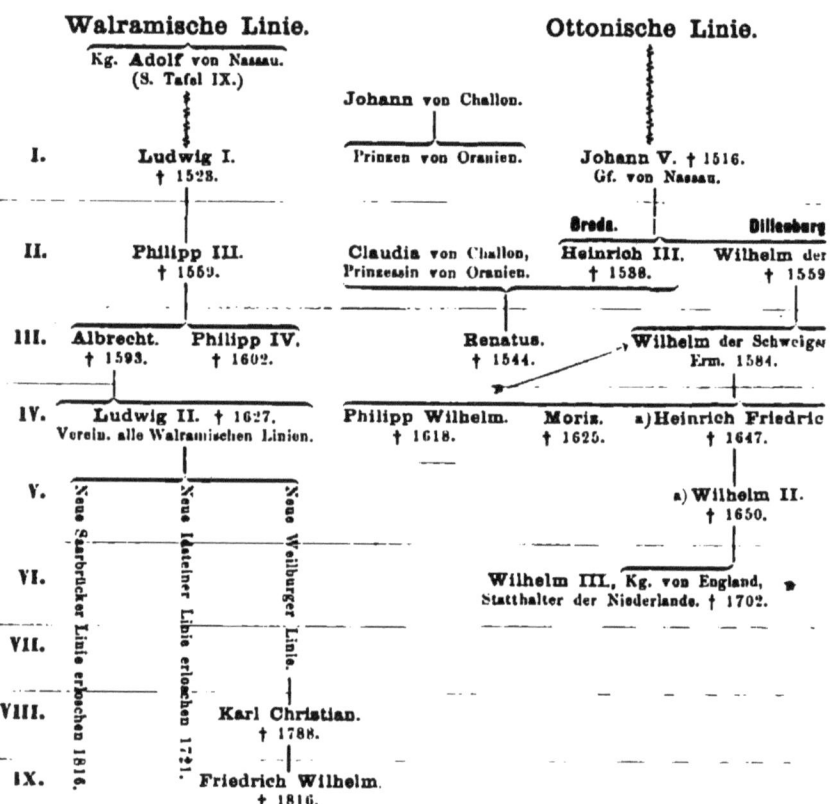

sau-Oranien, Mecklenburg.

Tafel XXX.

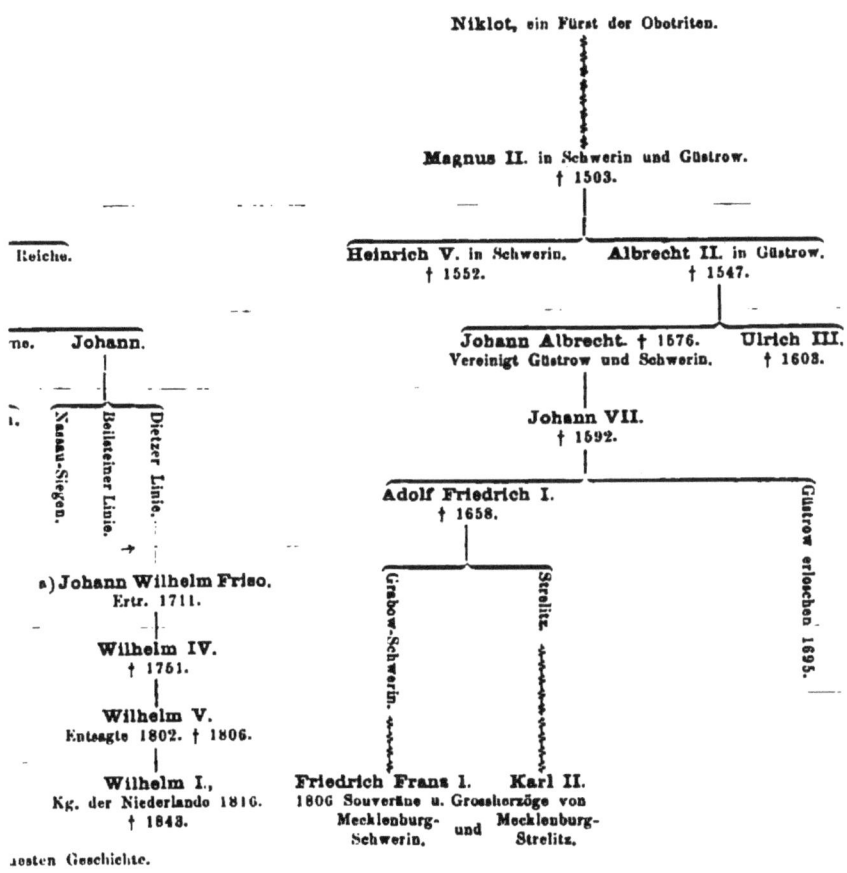

XV.—XIX. Jahrhundert.   Das Oldenburgische I

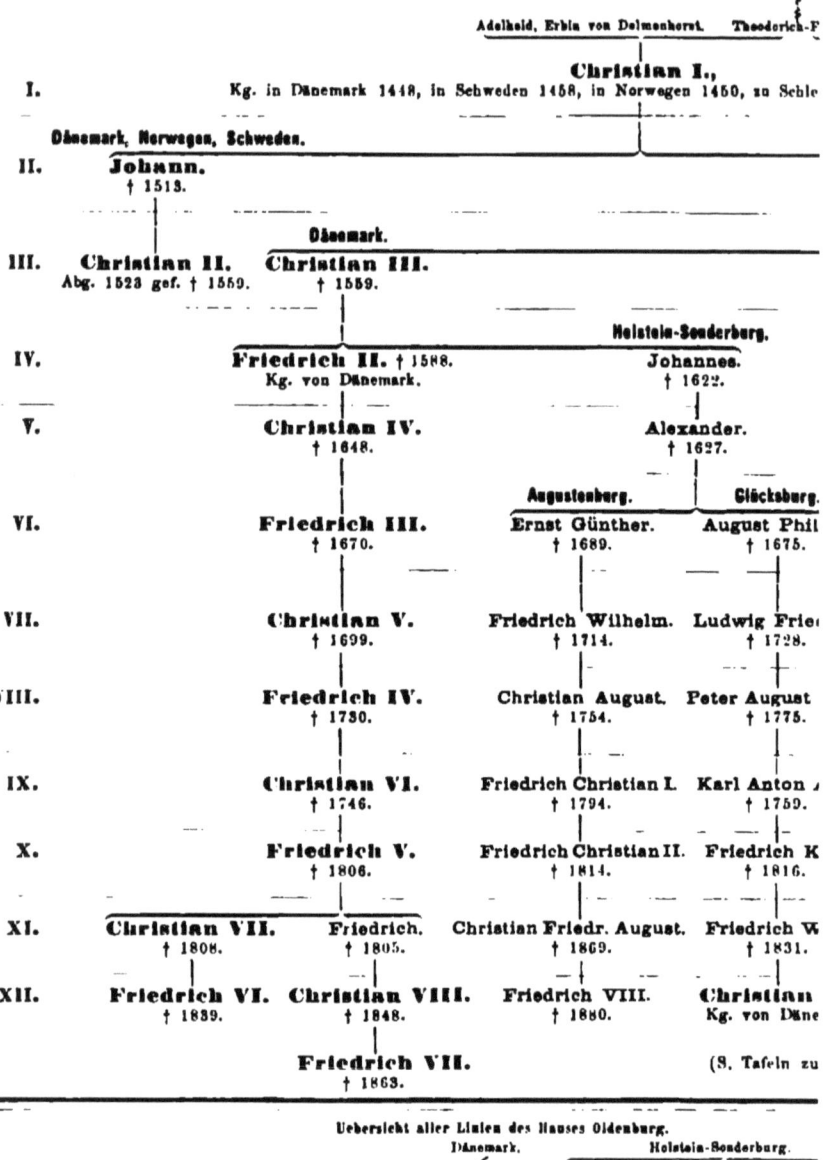

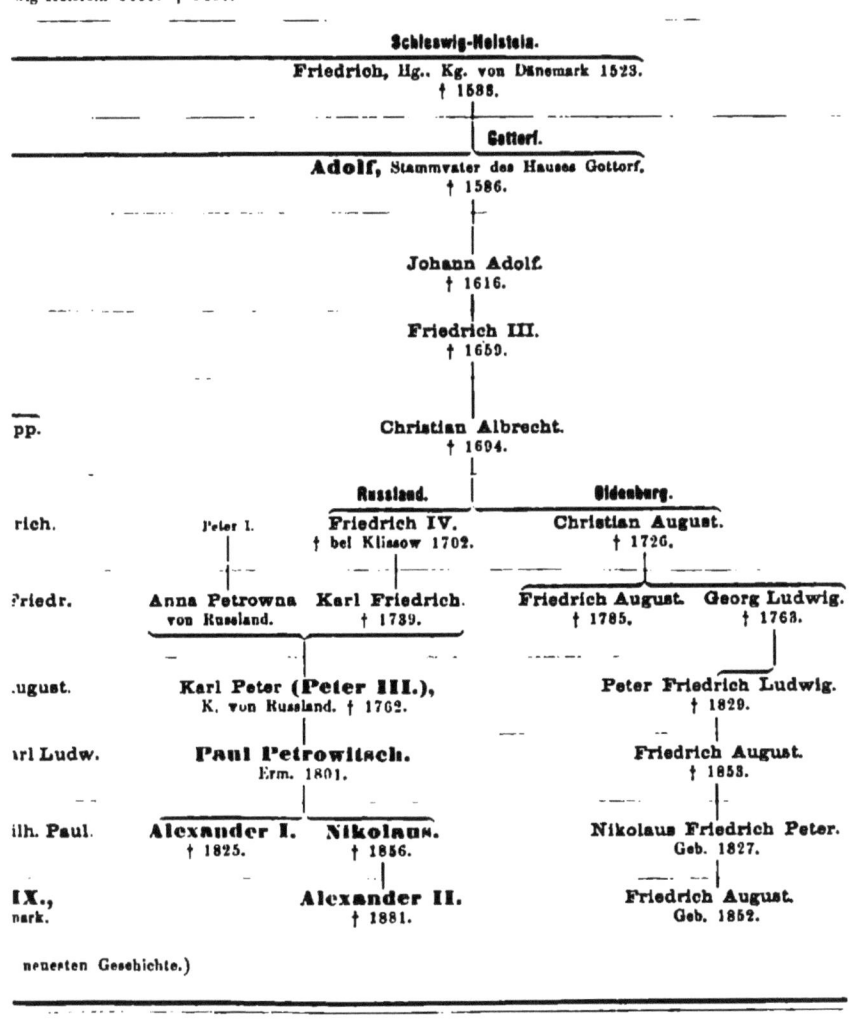

Zur neuesten Geschichte.

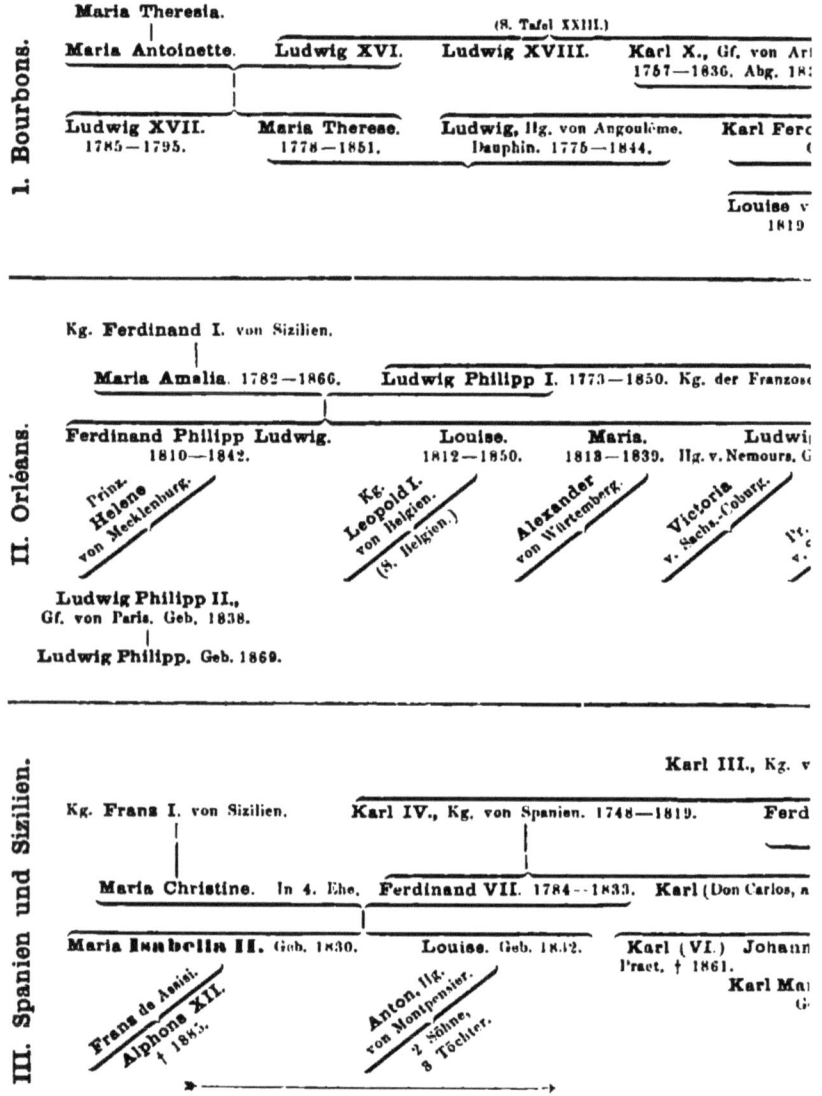

Tafel XXXII.

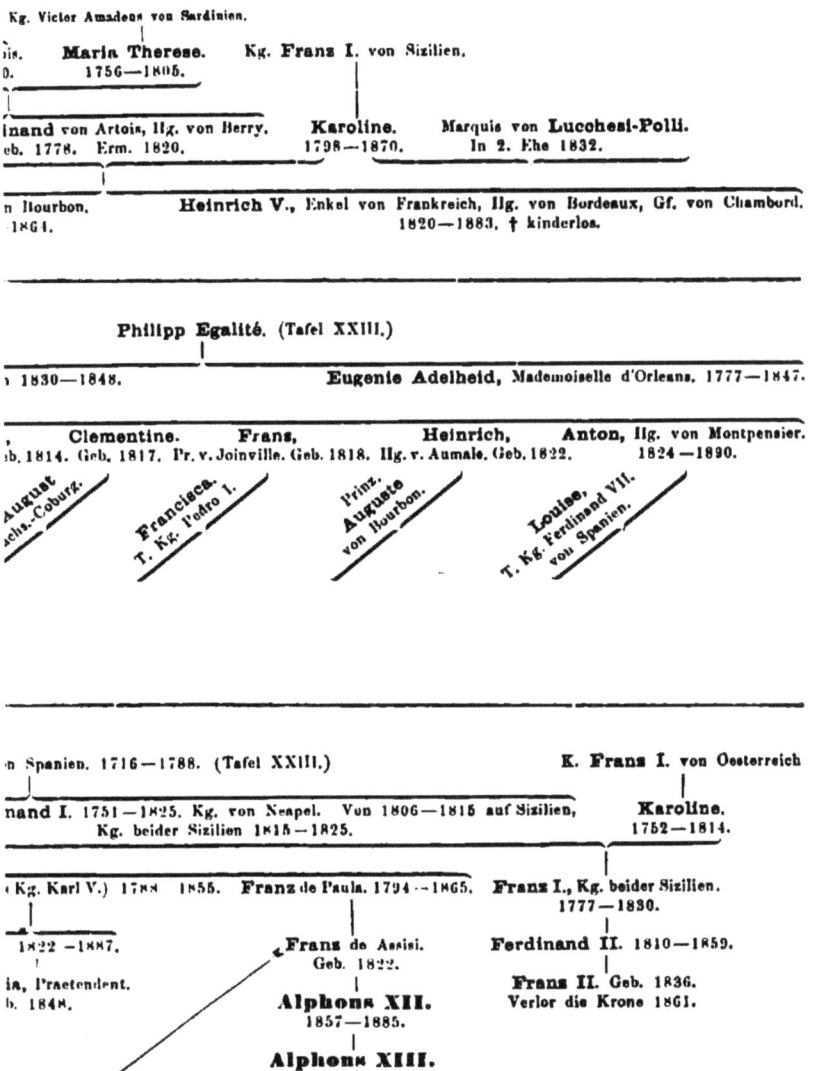

Karl Maria Bonaparte zu Ajaccio, Kgl. Rath, Mitglied des

IV. Napoléons.

Joseph Bonaparte. **Napoleon I.** Lucian. † 1840. Maria. 1777—1820. Lu
1768—1844. 1769(?)—1821. Fürst von Canino.

Felix Baciocchi, Fürst von Piombino. *Hortense Beauharr*

Ludwig Napoleon. Lu
1804—1831.

Eugen, Gräfin von Nap

Familie Napoleons des I.:
General **Alexander de Beauharnais**, llgt. 1794. **Josephine.** Verm. 1796. Geschie

Stief

Eugen. † 1824. Vicekg. von Italien, Erbgrossllg. von Frankfurt, Hg. von Leuchtenberg.

August. † 1835. Maximilian. † 1852.

Maria da Gloria von Portugal. *Maria, T.K. Nikolaus I. von Russland.* *Hge. v. Leuchtenberg.*

Ludw

V. Hannover und England.

Georg III.

Karoline. Georg IV. † 1830. Wilhelm IV. † 1837. Eduard. (S. unten.
Charlotte. † 1817.

Leopold von Coburg. *Frie v. He*

Franz, Hg. von Coburg-Saalfeld. **England.**

Hg. Ernst I. **Victoria** von Sachsen-Coburg, **Eduard,** Hg. von 1
von Sachsen-Coburg-Gotha. verw. Fürstin Leiningen. 1786—1861. 1767—1820.
Albert Franz August. Alexandrine **Victoria**, Königin von Grossbritannien
1819—1861. Geb. 1819.

Victoria. Geb 1840. Albert Eduard, Pr. von Wales. Geb. 1841. Alfred, Hg
Thron

Friedrich III. K. Wilhelm II. *Prinz. Alexandra von Dänemark. Albert Victor.* *Mar Gross*

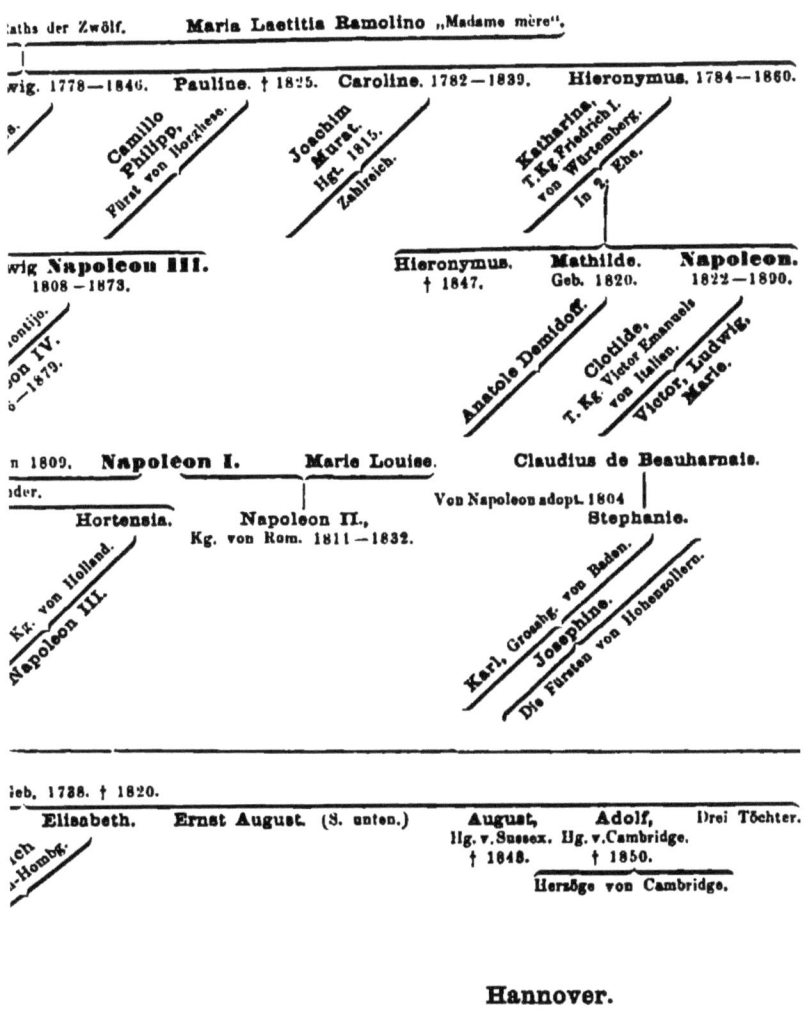

Hannover.

Ernst August, Hg. von Cumberland, Kg. von Hannover 1837.
Geb. 1771. † 1851.

Georg V., Kg. von Hannover 1851—1866.
Geb. 1819. † 1878.

Ernst August, Hg. von Cumberland.
Geb. 1845.

VI. Belgien.

Kg. Georg IV. von Grossbritannien. | Franz, Hg. von Sachsen-Cob
Charlotte, Prinzessin von Wales. 1796—1817. | Leopold I. 1790—18..
Erwählter Kg. von Griechenland 1825, K..

Ohne Nachkommen.

Marie Henriette von Oesterreich. | Leopold II., Kg. von Belgien, Hg. von S..

4 Prinzessinnen.

VII. Dänemark und Griechenland.

Friedrich, Erbprinz (S. Tafel XXXI.)
Christian VIII., Kg. von Dänemark, 1786—1848. | Louise Charlotte. 1789—1864.

Friedrich VII., Kg. 1848—1863. 1808—1863. | Louise, Pr..

Christian Friedrich Kronprinz von Dänemark.

Louise von Schweden.

VIII. Portugal u. Brasilien.

Maria I. Geisteskr. seit 1792. † 1..
Johann VI., Kg. von Portu..
Pedro IV. 1798—1834. Kg. von Portugal, K. von Brasilien. Verzichtet..

August, Hg. von Leuchtenberg. Verm. 1835. † 1835. | Maria da Gloria. † 1853. | Pedro II. Geb. K. von Brasilien. Seit 1840

2 Töchter.

Ferdinand, Hg. zu Sachsen-Coburg.
Pedro V. 1837—1861. Ludwig Philipp. Geb. 1838.

X. Schweden.

Karl XIII. (Tafel XXIV.
Adoptivsohn:
Johann Bernadotte. (Karl X..
1764—1844.
Franz. Marschall 1804, Fürst von Ponte..
Erwählter Kronprinz von Schweden

Oskar I. 1799—1859.

Karl XV. 1826—

Kg. Ludwig Philipp I. von Frankreich.
Louise Maria Therese.
1812—1850.

on Belgien 1831.

n-Coburg. Geb. 1835. Philipp, Hg. von Flandern und Sachsen-Coburg. Geb. 1837.

Balduin. Geb. 1869.

Wilhelm, Landgf. zu Hessen-Kassel. † 1867.

essin von Hessen-Kassel. **Christian IX.**, Hg. v. Schleswig-Holstein-Sonderburg-
eb. 1817. Glücksburg. Kg. von Dänemark 1863. Geb. 1818.

Wilhelm,   Alexandra.   Wilhelm, als Kg. von Griechenland 1863:   Dagmar.
eb. 1843. Geb. 1844.   Georg I. Geb. 1845.   Geb. 1847.

Albert,   *Olga*   *Kaiser*
Prinz von Wales. *Constantin* *Alexander III.*
               von Russland.   *von Russland.*

.6. Pedro III.
. 1767—1826.

            Miguel, Regent 1828.   Adelheid von Löwenstein-Wertheim.
831.   Verbannt 1834. † 1866.

825.   Söhne und Töchter.
elbstregierend.

IV.)

rvo 1806.
1810.   Eugen, Hg. von Leuchtenberg.
             Josephine Eugenie Napoleone.

872.   Oskar II. Geb. 1829.
                 Vier Söhne.

X. Sardinien und Italien.

Victor Amadeus II. (Tafel XVIII.)

Karl Emanuel III., Kg. von Sardinien 1730. (Tafel XV
1701—1773.

Victor Amadeus III.
1726—1796.

Karl Emanuel IV. Geb. 1751. Abg. 1802. † 1819.   **Victor Emanuel I.** Geb. 1759. Kg. 1802. Abg. 1821. † 1824. Im Mannesstamme erloschen.   **Karl F** Geb. 1765. † 18

XI. Russland.

Peter III. (Tafel XXXI.)   Katharina II., Prinz. v

Paul I. 1754. Erm. 1801.

Alexander I. 1777—1825.   Constantin. 1779—1831.   Helene.   Maria.

Elisabeth von Baden. Töchter.   Fr. Ludwig v. Mecklenburg-Schwerin.   Karl Friedrich, Grossh. von Weimar.   Wilhelm I. Kg. von Würtemb

Karl Alexander, Grosshg. von Weimar.   Auguste.   K.
K. Friedric

XII. Oesterreich.

Franz I.   Maria Theresia.   (T

Unter 15 Kindern:

Joseph II. 1741—1790.   Marie Christine.   **Leopold II.** 1747—1792.   M

Hg. Albert von Sachsen-Teschen.   Ludwig S. F

Unter dessen 16 Kindern:

Franz II., als K. v. Oesterreich **Franz I.** 1804. 1768—1835.   **Ferdinand**, Grossh

Maria Louise.   **Ferdinand I.** 1793—1875. Abg. 1848.   Franz Karl. 1802—1878.   1

Napoleon I.   Sophie, Prinz. von Baiern.   Ferdinan Verliert To

Franz Joseph I. Geb. 1830.   Maximilian, K. von Mexiko. 1832—1867. Hgt.   K

Elisabeth, Hgn. i. Baiern. Geb. 1837.

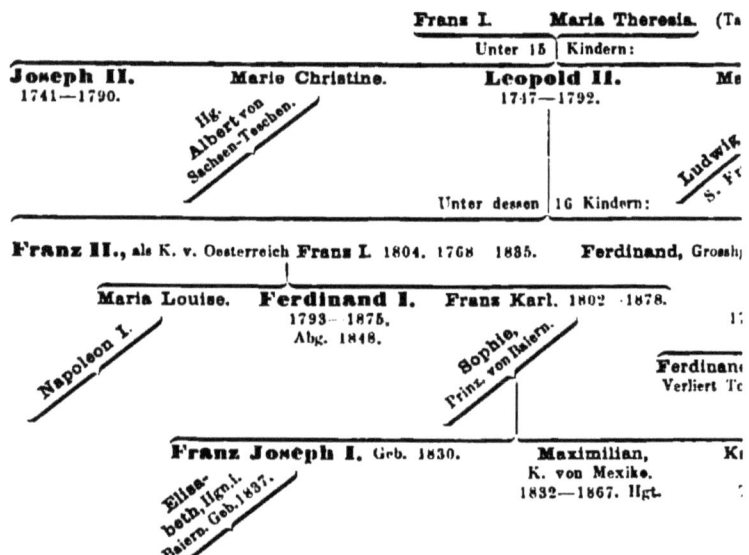

Emanuel Philibert, Prinz von Carignan. (Tafel XVIII.)
|
Karl Emanuel Ferdinand. † 1800.
|
Karl Albert, Kg. von Sardinien 1831.   Erzhg. Rainer
Abg. 1849. 1798--1849.   von Oesterreich.
| |
Victor Emanuel, Kg. von Italien 1861.   Maria Adelheid.
1820--1878.

Kg. Humbert von Italien. Geb. 1844.

X.
1821.

Anhalt-Zerbst.   Kg. Friedrich Wilhelm III. v. Preussen.
                                        |
harina.   Anna.   Nicolaus I.   Charlotte (Alexandra Feodorowna).
                    1796--1855.   1798--1860.

helm II.,
der Niederlande.

                    Ludwig II.,
                    Grosshg. v. Hessen.
ilhelm I.   Maria.   Alexander II.   Olga.
III.   1818--1882.
                            Alexander III.   Kg. Karl I.
                            Geb. 1845.   von Würtemberg.

XXII.)   Modena.   Hercules. (Tafel XVIII.)
                            Ferdinand. † 1806.   Marie Beatrix von Este.
e Antoinette.
VI.   Franz IV. † 1846.
reich.   Franz V. Verliert Modena   Ferdinand von Este.
                            an Sardinien 1860. † 1875.   † 1849.
                                Im Mannesstamme erloschen.

Toscana:
von Toscana 1792 u. 1815. 1769 1824.   Karl,   Joseph,   Johann,   Rainer,
                                        Erzhg.   Palatin von Deutscher   Vicekg. der
Leopold II.   † 1847.   Ungarn.   Reichsverweser Lombardei.
7.--1870. Abg. 1859.   † 1847.   von 1848/9.   † 1853.
                                                                 † 1859.
IV. Geb. 1835.   Karl Salvator.
ana an Sardinien   Geb. 1839.
1860.

l Ludwig.
eb. 1833.
ronfolger.

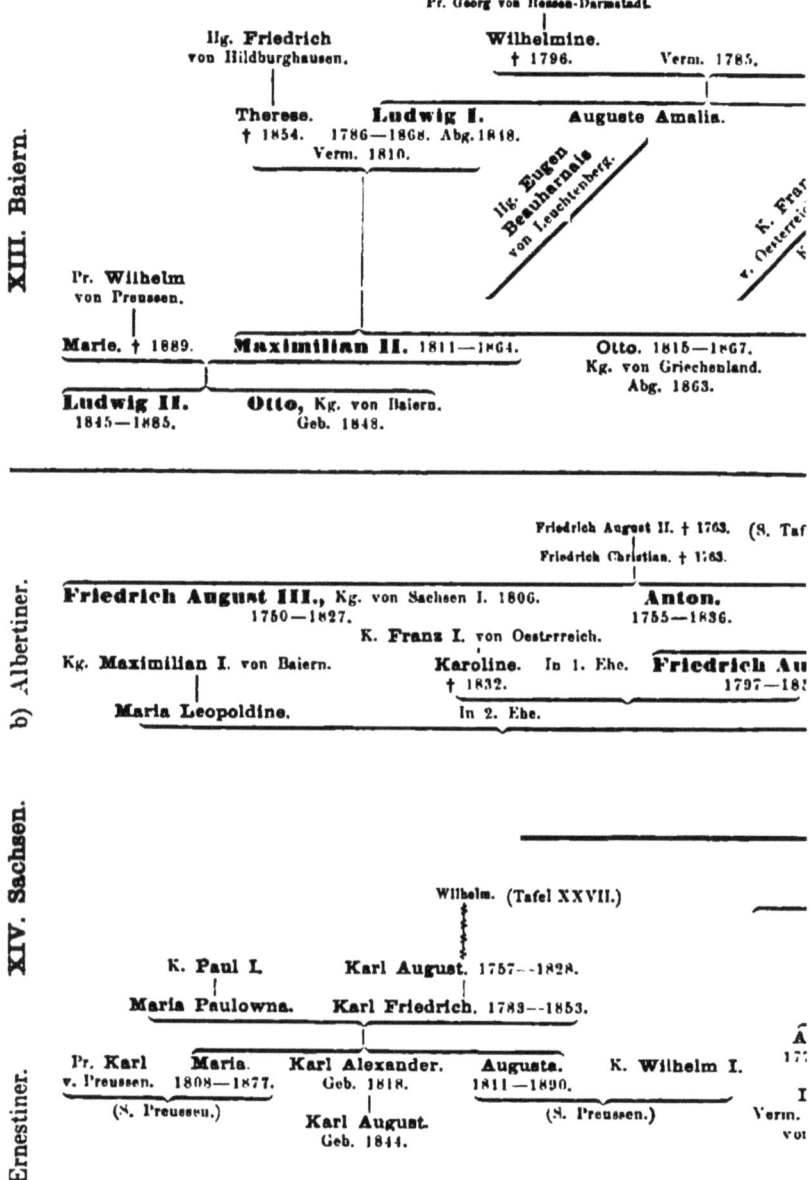

(S. Tafel XXVIII.)

Maximilian I., Kg. von Baiern 1805.
1756—1825.

Verm. 1797.

Erbpr. Karl von Baden.
Fried. Karoline.
† 1841.

Karoline Auguste.
I. Ehe
kinderlos.

Elisabeth.
Zwillinge. Geb. 1801.
Kz. Friedrich Wilhelm IV. von Preussen.
Kinderlos.

Amalia.
Kg. Johann von Sachsen.
Kg. Albert.

Sophie.
Zwillinge. Geb. 1805.
Erzhg. Franz Karl von Oesterreich.
Franz Joseph I.

Marie.
Kg. Friedrich August von Sachsen.
Kinderlos.

Liutpold, Prinz-Regent. Geb. 1821.

Ludwig. Geb. 1845.
Leopold. Geb. 1846.
Arnulf. Geb. 1852.

(XXVII.)

Maximilian. Verzichtet auf den Thron 1830.
1759—1838.

Kg. **Maximilian I.** von Baiern.

[ust II.]
Maria Amalia. † 1870.
Johann. 1801—1873.
Amalia Augusta.

Albert, Kg. seit 1873. Geb. 1828.   6 Töchter.   **Georg.** Geb. 1832.

Friedrich August, geb. 1865 und weitere Nachkommen.

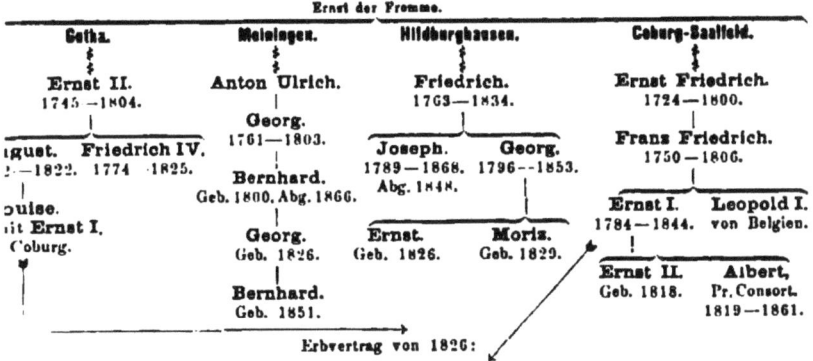

Ernst der Fromme.

Gotha.	**Meiningen.**	**Hildburghausen.**	**Coburg-Saalfeld.**
Ernst II. 1745—1804.	Anton Ulrich.	Friedrich. 1763—1834.	Ernst Friedrich. 1724—1800.
[ugust.] Friedrich IV. ?—1822. 1774—1825.	Georg. 1761—1803.	Joseph. 1789—1868. / Georg. 1796—1853. Abg. 1848.	Franz Friedrich. 1750—1806.
[Louise] mit Ernst I. Coburg.	Bernhard. Geb. 1800. Abg. 1866.	Ernst. Geb. 1826. / Moriz. Geb. 1829.	Ernst I. 1784—1844. / Leopold I. von Belgien.
	Georg. Geb. 1826.		Ernst II. Geb. 1818. / Albert, Pr. Consort. 1819—1861.
	Bernhard. Geb. 1851.		

Erbvertrag von 1826:
Meiningen, Altenburg, Coburg-Gotha.

XV. Württemberg.

Karl W. Ferdinand von Braunschweig.　　　　　　　　　　　　　　　　　　　　Friedri 1732

Auguste. † 1788.　　　Friedrich I., Kg. von Württemberg 1805. 1754—1816.

Friedrich Wilhelm I. 1781—1864.

Karl I. Geb. 1823.　　　　　　　　　　Ver

Kl

XVI. Baden.

Karoline Louise von Hessen-Darmstadt, † 1783.　　　　　Karl Friedrich, Markj 1728—1811

Karl Ludwig, Erbpr. † 1801.　　　Ludwig I. 1763—1830. Grosshg. 1818.

Stephanie Beauharnais.　Karl Ludwig Friedr. 1786—1818.

Drei Töchter.

XVII. Hessen.

　　　　　　　　　　　　　　　　Kassel.　　　　　　　　　　(Tafel)

Kg. Friedrich Wilhelm II. von Preussen.　　Wilhelm IX., Landgf. (I.) 1743—1821. Kurfürst 1803.

Friderike Christiane.　　Wilhelm II. 1777—1847.

Friedrich Wilhelm I. Mitregent 1831. 1802- 1875. Abg. 1866.　　　　　　Kgin. Victor von England

Alice. 1843—1l

XVIII. Mecklenburg.

　　　　　　　　　　　　　　　　　　　　　　Schwerin. (Tafel X

K. Paul I. von Russland.　　Friedrich Franz I., souv. Rheinbi 1806. 1756—1837. Grosshg. 1l

Helena Paulowna.　　　　Friedrich Ludwig, Erbgross 1778—1819.

Kg. Friedrich Wilh. III.

Frd. W. Alexandrine.　　Paul Friedrich. 1800—1842.　　　　H

Friedrich Franz II. 1823—1882.

Friedrich Franz III. Geb. 1851.

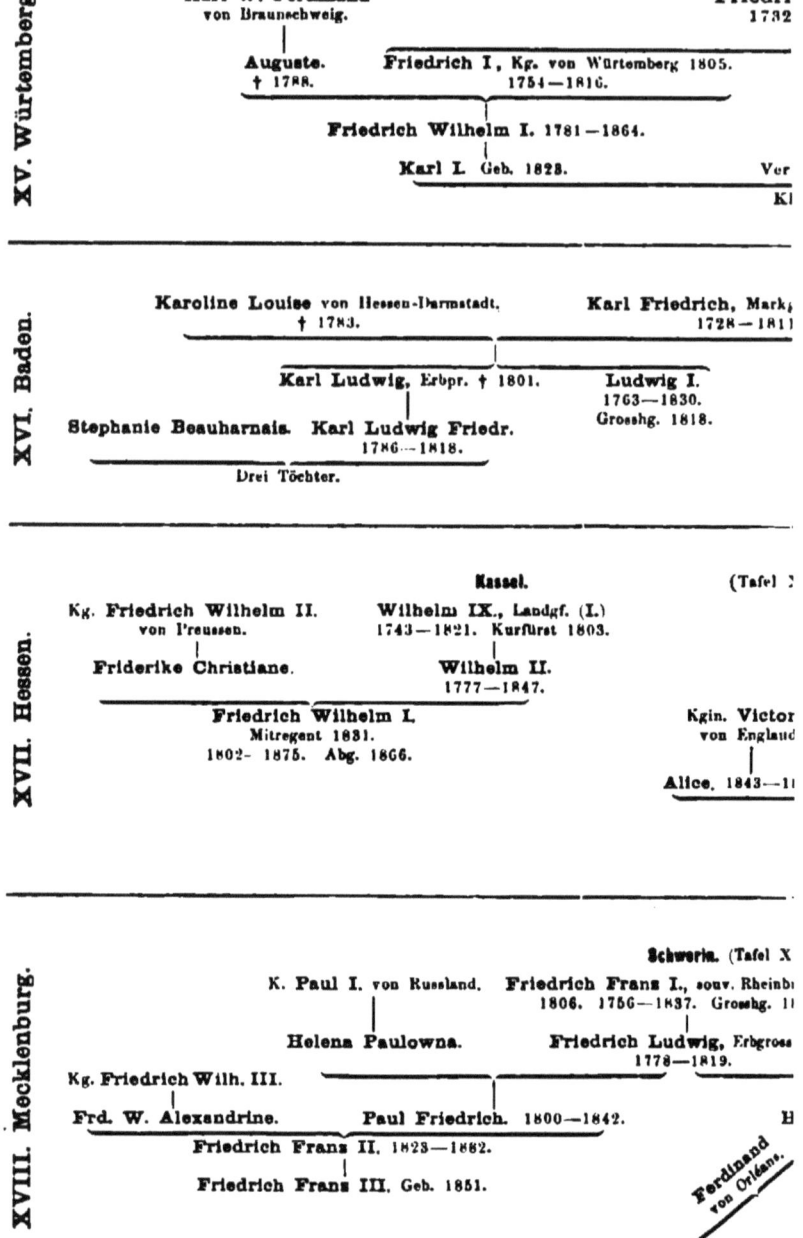

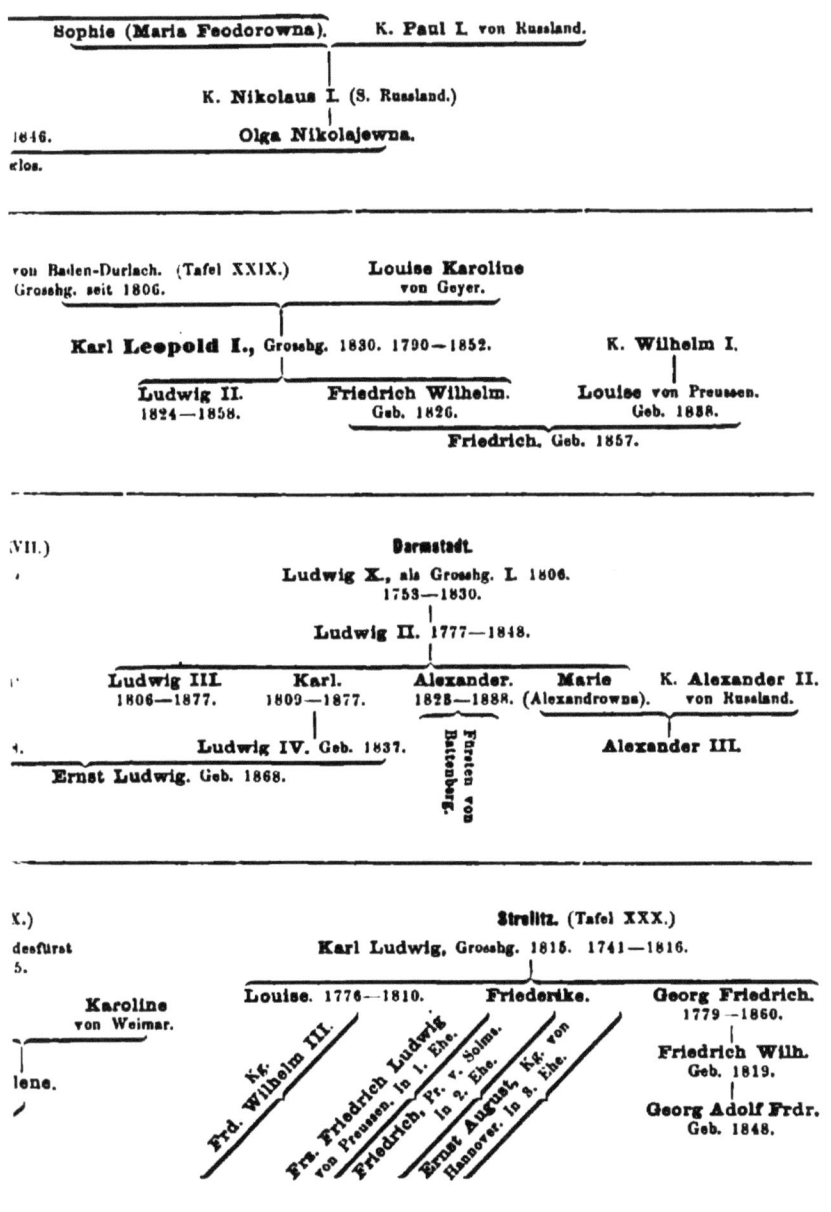

XIX. Preussen und Deutschland.

Ferdinand Albrecht von Braunschweig.   Fried
Elisabeth Christine. Verm. 1733.   Friedric

Karl II. von Mecklenburg-Strelitz.
Louise. 1776—1810. Verm. 1793.

Charlotte (Alexandra Feodorowna). † 1860.   Töchter: Alexan…

K. Nikolaus I.
S. Russland.

Paul Friedrich.
S. Mecklenburg-Schwerin.

Friedrich Wilhelm IV. 1795—1861.   **Wilhelm I.** 1797—1888.   Söhne: Friedri

Elisabeth.
S. Baiern.

Maria Louise Augusta v. Weimar. Verm. 1829.

Louise Alexandrine von Weimar.

Friedrich VIII.,
Hg. von Augustenburg.

Victoria.
S. England.

Friedrich III.
1831—1888.

Louise.
Geb. 1838.

Friedrich
Generalfeldma…
1828—18…

Augusta Victoria.
Geb. 1858.

Wilhelm II.
Geb. 1859.

Friedr. Wilhelm,
Grosshg. von Baden.
S. Baden.

Friedrich Le…
Geb. 186…

XX. Die beiden Stammmütter sämmtlicher regierenden europäischen Häuser.

Ludwig Rudolf. Geb. 1671. Hg. von Braunschweig-Wolfenbüttel. 1731. † 1735.   Verm

K. Karl VI.
1685—1740.

Elisabeth Christine.
1691—1750.

Franz I. von Lothringen. † 1765.   Maria Theresia. † 1780.

Leopold II.	Amalia.	Karoline.	Ferdinand.
Das ganze österr. Haus.	Parma.	Sizilien.	Modena.
Franz II. Ferdinand.			
Toskana.			
Kaiser von Brasilien. / Könige von Portugal. / Sizilien. / Savoyen-Carignan, Isenburg-Birstein.	Das sächsische Königshaus. / Das heutige Regentenhaus von Baiern.	Das reg. spanische Haus. / Sämmtliche Orléans.	Die spanischen Bourbons.

Im Ganzen gegen 400 Nachkommen meist katholischer Confession.

...rich Wilhelm I. (Tafel XXVI.)   Ferdinand Albrecht von Braunschweig.
...ch II.   August Wilhelm.   Verm. 1742.   Louise Amalia.   Ludwig IX. (I.) von Hessen.

Friedrich Wilhelm II. 1744—1797.   In 2. Ehe.   **Friederike Louise.**

. **Friedrich Wilhelm III.** 1770—1840.   **Ludwig.** 1773—1796.   **Heinrich.** 1781—1846.   **Wilhelm.** 1783—1851.

ndrine.   **Louise.** † 1870.   *Friederike, die Schwester der Kgin. Louise.*   **Adalbert.** 1811—1873.   **Marie.** S. Baiern.

Friedrich, Pr. d. Niederlande.

Friedrich Wilhelm. 1794—1863.

rich **Karl.** 1801—1886.   **Albrecht.** 1809—1872.   **Alexander.** Geb. 1820.   **Georg.** Geb. 1826.

Marianne, Prz. der Niederl.

Karl,   **Albrecht,** Regent von Braunschweig.
..rschall,   Geb. 1837.
...

eopold.
:5.

Christine Louise, Tochter des Fürsten Albrecht Ernst von Oettingen.
* 1690.   † 1747.

Antoinette Amalia. 1696—1762.   **Ferdinand Albrecht II.,** Hg. von Braunschweig-Wolfenbüttel (Bevern). 1680—1735.

Louise.   **Sophie.**   **Juliane.**   **Karl.** 1713—1780.

Das ganze preuss. Königshaus.   Sachsen-Coburg-Saalfeld.   Dänemark.   Das braunschweigische Haus bis zu seinem Erlöschen 1885.

Friedrich Wilhelm III.

Russland. | Mecklenburg-Schwerin. | Baden. | Niederlande. | Portugal. | Belgien. | England. — Hessen-Darmstadt. | Leiningen. | Hohenlohe. | Hessen-Kassel. | Holstein-Glücksburg. — Griechenland.

Im Ganzen etwa 865 Nachkommen meist evangelischer Confession.